디지털 케어

디지털 세상에서 나를 돌보며 살아가기

DIGITAL CARE

디지털 케어

조희정 민숙동 김효정 김영숙 박여훈 김미화

좋은땅

들어가면서

　3년, 우리에게는 너무나 많은 것이 바뀌었습니다. 코로나19가 가져온 '사회적 단절'로 모든 인류가 한순간에 디지털기술에 적응해야 하는 상황이 만들어졌습니다. 식당의 키오스크, 온라인쇼핑, 원격의료, 화상회의, 비대면 서비스 등 전 사회적인 디지털화 흐름은 팬데믹 현상이 진정되더라도 쉽게 사그라지지 않을 것입니다.

　'디지털 약자'라는 신조어가 만들어지고, 디지털 사용을 포기한 사람들과 이를 귀찮아하는 사람들, 그리고 그 디지털을 잘 활용하여 돈을 버는 사람들과 그 삶을 즐기는 사람들이 있습니다.

　애매한 나이의 중간 세대, 40대 중후반에서 50대 초반 나이의 강사들이 모여 디지털 약자도 아닌 그렇다고 강자도 아닌 우리가 디지털 세상을 어찌 살아가야 하는지, 삶은 더 편리해졌는데 왜 마음은 더 외롭고 조급해지고 어려워지고 있는지 나누어 보았습니다.

　사실 우리의 하루는 플랫폼으로 시작해서 플랫폼으로 마친다고 해도 과언이 아닙니다. 스마트폰 알람이 나를 깨우거나, 음악 플랫폼에서 좋아하는 노래로 모닝콜 설정을 합니다. 출근을 위해 스마트폰 내비게이션으로 검색을 하여 교통상황을 검색하고, 도착시간을 확인하거나 택시 호출 플랫폼에서 택시를 불러 도착 시각에 맞춰 집을 나섭니다.

차 안에서 포털 플랫폼으로 뉴스를 보고, 동영상 플랫폼에서 관심사를 검색합니다. 공유오피스 플랫폼에 접속해 사무실 자리를 배정받고, 회의는 화상회의 플랫폼을 이용합니다. 저녁 약속을 위해 예약 플랫폼에서 리뷰를 보며 예약합니다. 집에 와서 운동 플랫폼에 접속해 인공지능 트레이너의 지도를 받고 운동하거나, 온라인동영상서비스 플랫폼에서 영화를 보고 잠자리에 듭니다.

이렇게 우리는 디지털 플랫폼에 익숙하게 살아갑니다. 물론 모든 이들이 그러하지는 않겠지만 많은 사람들이 디지털 플랫폼에 익숙하게 지냅니다. 포털 플랫폼에서 검색하고 동영상 플랫폼을 즐겨 보고 배달 플랫폼에서 음식을 주문합니다. 많은 플랫폼을 경제적으로 활용하는 사람들과 거부하는 사람들, 어려워하는 사람들의 이야기를 적어 보았습니다.

팬데믹 시대의 경제 불황 그리고 불안감, 시시각각 느껴지는 기후위기 등에 어떻게 적응하고 살아갈 것인가 끊임없이 고민해 보아야 합니다.

팬데믹으로 앞당겨진, 이미 와 버린 디지털 시대에 걸맞는 마인드의 혁신이 필요하고, 나만의 정체성을 유지하면서 변화에 적응할 수 있는 전략들을 세워야 한다고 생각합니다.

여기서의 적응은 무조건적인 수용이 아닌 포용적 리더십이 필요합니다. 나무와 숲을 같이 볼 수 있는 포용성과 기존의 관점을 플랫폼의 양면성처럼 다양성의 관점으로 전환할 수 있는 용기가 있어야 합니다.

흑백논리(0과 1) 이상의 디지털에 대한 자기 생각을 이야기하고, 염려하고, 돌보면서 적응 이상의 관심을 기울이는 '디지털 케어'가 필요하다고 봅니다. 그것을 나누고 풀어서 적어 보았습니다. 같이 나누고 알려 주시겠어요?

여러분만의 디지털 케어 방법을….

저희 한국교육플랫폼 강사님들이 모여 이야기를 나누는 모습
(그림: 박여훈)

목차

1
디지털+케어
우린 이렇게 정의 내려 봅니다

조희정

⋮

디지털이란?

디지털과 아날로그

계속 똑같이 복제되는 미래? 영구적인 수명?

0과 1 사이에는 많은 것이 있다

생각하는 기계들

기계식 사고를 하고 있는 사람? 헷갈리는 사회

현대 사회의 변화와 필요한 인간의 능력

디지털이란?

'디지털'이라는 말은 이제 공기와 같다고 누군가 이야기합니다. 그건 너무나 익숙한 단어여서 잘 알고 있는 듯하지만 실은 잘 모르고 마치 매일 TV를 시청하지만 TV가 구현되는 방법을 모르는 것을 말하는 것과 같습니다. 이렇게 우리 주위에 '디지털'이 넘쳐나지만, 그 뜻을 제대로 알고 있는 사람들은 그리 많지 않은 듯합니다. 컴퓨터로 음악을 듣는 데 있어서 '디지털'이라는 용어를 꼭 정확히 알아야 하는 것은 아니겠지만, 기초적인 개념은 응용을 위해 반드시 필요하다고 생각합니다.

먼저 디지털의 개념을 쉽게 이해하는 것부터 시작해 보려고 합니다.

디지털(digital)은 어떤 양 또는 데이터를 2진수로 표현하는 것을 말한다. 즉 0과 1 두 숫자를 이용하여 정보를 전달하는 것이다.

아날로그와 대응하며, 임의의 시간에서의 값이 최소값의 정수배로 되어 있고, 그 이외의 중간값은 취하지 않는 양을 가리킨다고 합니다. 따라서 일반적으로 데이터를 한 자리씩 끊어서 다루는 방식이라 할 수 있는데, 0과 1로 어중간한 것은 없이 똑 떨어지는 것이 디지털이라고 합니다. 디지털 양에 대한 각종 연산이 일반적으로 말하는 컴퓨터라고 할 수 있습니다. 물질이나 물질에서 나오는 신호는 연속적이지만, 디지털로 바꾼 디지털 신호는 0(꺼짐) 아니면 1(켜짐)로 이루어지는 단절적 신호의 집합으로 이루어진다고 합니다.

디지털 신호를 구성하는 비트(bit)는 컴퓨터를 움직이는 기본 단위입니다. 비트는 물질과 달리 색깔, 무게가 없고, 비트는 데이터들의 집합에 불과하지만, 디지털로 소리와 영상을 만드는 기초 재료가 됩니다. 이산값을 가지는 데이터로, 아날로그 데이터를 임의의 시간에 대한 물리량으로 정수화하여 표현합니다. 데이터를 0과 1의 상태로만 생성하고, 저장, 처리하는 부호화 기술이며, 각각의 부호 상태를 비트(bit) 단위로 표현합니다.

쉽게 이해하자고 하고선 어려운 단어들이 마구 나와서 당황스러우시죠? 디지털이라는 단어도 한국말이라기보단 외래어이고 말 자체의 정의를 탐구하자고 하면 어렵게 느껴질 수밖에 없습니다. 이처럼 디지털은 정수화하여 표현하기 때문에 애매모호한 점이 없고, 정밀도를 높일 수 있다고 합니다.

그래서 디지털은 제 입장에서는 '정확하다, 빈틈이 없다, 편리하고 좋을수록 더 복잡하다'라고 정의할 수 있을 듯합니다. 이런 식의 표현도 디지털식이라기보다는 아날로그식 이해이지 않을까 생각이 됩니다.

그래서 다시 디지털과 아날로그를 같이 비교해 보면서 이해해 보고자 합니다.

디지털과 아날로그

　우리가 어떤 내용을 잊지 않기 위해 예컨대 전화번호 같은 것을 수첩에 메모한다고 했을 때, 한번 수첩에 기록한 내용은 변하지 않습니다. 만약 수첩이 물에 젖거나, 낡아 버린다고 하더라도 메모 속 글자만 알아볼 수만 있다면 그 내용은 원본과 100% 동일하게 보존되고 있는 것입니다. 심지어 수첩의 일부가 찢어져서 내용을 다 볼 수 없다고 하더라도, 찢어진 부분이 크지 않거나 중요한 부분이 아니라면 이를 유추해서 알아낼 수도 있고 원본과 동일하게 복원할 수 있습니다. 게다가 다른 사람에게 그 내용을 전달하기 위해서 다른 메모지에 옮겨 써서 사본을 만들 수도 있습니다. 이때 원본이나 사본은 종이의 질이나 글자 크기 또는 필체가 다를지언정 내용은 완전히 같은 것입니다.

　하지만 똑같은 메모라고 하더라도 우리가 친구와 함께 찍었던 추억이 담긴 소중한 사진에 글자를 남겼다고 하면 오래되거나 낡거나 찢어지거나 타 버리면 그 사진과 글자는 복사해 두었다고 해도 원래의 추억과 의미가 담긴 본질이 사라져 버렸다고 할 수 있습니다. 만일 디지털 카메라로 사진을 찍어서 컴퓨터에 저장해 두었다면 이는 '디지털'이므로 원본이 바뀌지 않습니다. 하지만 이를 프린트해서 지갑에 넣고 다녔다고 하면 이야기는 다르게 됩니다. 지갑에 넣고 빼내는 과정에서 사진은 조금씩 상처를 입게 되고 빛을 보게 되면서 사진의 색깔은 조금씩 변하게 되어 버립니다. 이렇게 사진이 변하면 다시 원본의 상태로 되돌릴 수 있는 방법은 없습니다. 이런 점들이 바로 아날로그의 속성이라고 할 수 있습니다.

그럼 전화번호를 적은 메모나 사진이나 똑같은 '기록'에 속할 텐데 왜 이런 차이가 나는 것일까요? 메모는 사진과는 달리 내용을 그대로 옮긴 것이 아니라 '글'이나 '숫자'라는 '부호'를 사용했기 때문이라고 합니다. 우리가 글이나 숫자와 같은 '부호'들을 이용하면 우리는 어떤 내용을 손실 없이 전달하거나 기록할 수 있는 것입니다. 이렇게 부호를 이용하여 원본과 동등한 사본을 수천 개, 수만 개 만들어 낼 수 있다는 것, 바로 이 점이 디지털이 기존 아날로그와 구별되는 가장 큰 차이점이라고 할 수 있다고 합니다.

일정한 단위를 통해 자료를 나타내는 디지털의 특성상 연속값으로 자료를 나타내는 아날로그에 비해 외부 환경에 영향을 덜 받고요. 이 때문에 디지털 자료는 복제, 삭제, 편집 등의 데이터 가공이 용이하며, 원칙적으로 복제된 결과물이 원본과 차이가 없게 된다고 합니다.

또한 일정한 단위로 정보를 처리하는 디지털의 특성상, 음악이나 화상과 같은 아날로그 자료를 일정한 주기로 샘플을 채집하여 디지털로 변환하는 샘플링 과정에서 원본 자료와 획득된 정보 사이에 차이가 발생할 수 있고 디지털과 아날로그사이에는 조금씩이나마 차이가 생기며 이는 얻어진 자료의 품질에 영향을 미칠 수밖에 없습니다. 점점 좋아지는 디지털의 기술로 요즘은 거의 매끄럽게 되어서 황금귀가 아니면 거의 차이가 없다고 느끼실 수 있습니다. 또 디지털 사진을 확대하고 확대하면 네모난 픽셀로 이루어진 것을 볼 수가 있습니다.

계속 똑같이 복제되는 미래? 영구적인 수명?

원시적인 '디지털' 방식은 인류의 문명에 전기가 도입되면서 전기는 두 가지의 상태를 띱니다. 켜져 있는 경우(스위치가 연결되어 있는 상태)와 꺼져 있는 경우(스위치가 연결되어 있지 않은 경우)가 그것입니다.

전기가 꺼지고(0) 켜지는(1) 두 가지 상태만을 갖고 있지만, 만일 전깃줄을 두 가닥 쓰면 각각에 전기를 끄고 켤 수 있으므로 표현할 수 있는 가짓수는 '00, 01, 10, 11'의 네 개가 되고 세 줄을 쓰게 되면 '000, 001, 010, 011, 100, 101, 110, 111'처럼 여덟 개가 됩니다. 네 줄을 쓰면 다시 그 두 배인 열여섯 가지의 표현을 할 수 있게 되고 만일 열여섯 줄을 사용하게 되면 우리가 표현할 수 있는 가짓수는 65,536가지가 되는 것입니다.

어렵자고 이야기를 드리는 것이 아니라 과학자들은 이런 전기의 성질을 이용하여 우리가 사용하는 10진수를 2진수로 변환함으로써 복잡한 계산을 수행하는 기계를 만들 수 있다는 사실을 깨닫고 1950년대부터 컴퓨터를 만들기 시작했습니다. 그 후에 벌어지는 컴퓨터의 발전은 경이적인 것이었습니다. 이렇게 컴퓨터의 능력이 크게 향상되면서 예전에는 상상도 하지 못했던 고도로 복잡한 자료들을 처리할 수 있게 되었는데 위의 예를 들면 우리들이 쓰는 64비트 CPU는 전깃줄이 64가닥이나 있는 것이라고 생각할 수 있습니다. 음악이나 동영상과 같은 멀티미디어의 재생도 그 기술의 결실이라고 할 수 있을 것입니다. 컴퓨터가 멀티미디어를 재생할 수 있게 되면서 언제부턴가 '디지털'이라는 용어가 세인들의 입에 오르내리게 되었는데 디지털은 갈라진 손가락을 의미하는 디지트(digit)이라는 말에서 유래된 것으로 앞에서 언급한 전깃줄의 가닥과 관련이 있다고 할 수 있습니다.

앞서 언급한 바와 같이 음악은 한번 디지털화되면 수첩에 적힌 기록과 같이 영구적인 수명을 보장받게 됩니다. 카세트테이프나 LP 음반처럼 오래되었다고 소리가 늘어나거나 노이즈가 생기는 일도 없습니다. 우리는 항상 원본(디지털 원본)과 동등한 음질을 즐길 수 있는 좋은 세상에 살게 되었습니다.

다만 중요한 것은 원래 아날로그인 음을 처음 디지털화하는 과정에서 높은 해상도와 샘플링 주파수로 기록해야만 한다는 것입니다. 즉, 네모가 동그란 라인이 되려면 그 만큼 정교해져야 한다는 이야기이고, 그 점이 쉽지 않다는 것입니다. 물론 지금의 추세로 보면 가까운 장래에 엄청 기술이 발전하여 문제될 사항이 없을 것 같은 생각이 듭니다.

그렇다면 우리는 영구적인 수명의 음악을 듣게 된 것일까요? 그렇지 않습니다. 그 음악을 듣는 상황과 환경, 느낌, 함께 듣는 대상에 따라 달라집니다. 로봇이 아닌 사람은 똑같은 조리법으로 요리를 한다고 해도 맛이 그때그때 다르다는 것입니다. 영구적인 수치로 확실한 반복적인 재생이 아닌 '추억'이라고 부르는 아름다운 단어처럼 또 다른 삶의 의미가 있습니다.

그렇다고 사람의 비위를 맞추어 가라는 이야기가 아닙니다. 편리성은 가져가야 하지만 본질적인 인간다움이 무너져서는 안 된다고 생각합니다. 여기서의 인간다움이란 라운드와 각진 선 사이의 공간을 말합니다.

그래서 저희 교육플랫폼의 이 나눔에서는 서로가 가지고 있는 사항들을 내어 놓고 나누면서 새로운 개념들을 만들어 가 보려고 합니다.

0과 1 사이에는 많은 것이 있다

세상에는 디지털을 잘 활용하고 누리면서 편리하고 신속하게 살아가는 사람들이 있고 나는 몰라 몰라 하면서 어렵다고 회피하는 사람들이 있고, 적당히 무시하고 사용하고 헤매는 사람들도 있습니다. 그런 아롱이와 다롱이들, 0과 1만 있는 세상이 아닌 0과 1 사이에 있는 사람들의 이야기를 나누고자 모였습니다.

한번 생각해 보자구요. '디지털' 방식의 신호 전송은 넓게 보면 아주 오래전부터 있어 왔습니다. 통신 기술이 발달하기 전에는 송신자와 수신자가 멀리 떨어진 산꼭대기에서 불이나 깃발을 통해 장거리 통신을 했고, 이때 미리 약속으로 정한 몇 가지 색깔의 깃발을 수직이나 수평으로 들어 올리면서 소식을 전달했을 것입니다. 그런데 이런 방식의 통신은 깃발의 종류나 동작의 개수에 한계가 있으므로 복잡한 내용을 전달하려면 송신자의 팔이 무척이나 아팠을 것입니다.

물론 송수신하는 내용을 전달하는 것이 가장 중요하긴 하겠지만 팔이 아프거나 모르거나 실수 등으로 여러 사람이 번갈아 가며 흔들거나 오류가 생기는 상황이 신호 전송에서 존재합니다.

이것은 닭이 먼저냐, 달걀이 먼저냐의 문제 같습니다. 무엇이 맞다 틀리다를 이야기 드리려는 것이 아니라, 그 안에 있는 사람들의 이야기, 디지털로 편하고 좋은 이야기, 디지털 세상에서 살아가기 참 어려운 사람들의 이야기, 힘들고 지치는 이야기, 나누고 싶은 재미난 신기한 이야기 등등 0과 1 사이에 많은 사람들의 이야기를 나누고 케어해야 하는 시대가 왔다는 것입니다.

디지털 약자도 보호하고 아날로그에서 디지털로 전환하는 상황에서 가장 중요한 인간의 존엄성을 지키는 것을 말합니다.

> 케어(CARE)
> ① 걱정하다, 근심하다.
> ② 염려하다, 돌보다.
> ③ 하고자 하다, 관심을 갖다.

위키 사전에서 케어를 위와 같이 이야기합니다. 우리가 지금부터 하려는 내용입니다. 어떻게 디지털 세상에서 잘 살아갈지 걱정하고 근심하는 부분들을 들어내어 놓는 작업을 하려고 합니다. 염려하며 선택하고 나를 돌보아 가야 할지를 나누어 봅니다. 디지털에 관심을 가지고 내가 어찌하고자 하는지를 이야기하는 것입니다. 0과 1 사이에 있는 나만의 디지털케어를 시작해 보려고 합니다.

생각하는 기계들

4차 산업혁명 시대의 인공지능은 더 진화된 기술을 보여 줍니다. 기계가 대체하지 못하던 인간의 사고 영역까지 잠식하기 시작한 것입니다. 더 나아가 자원을 관리하는 업무를 수행하는 것은 물론이고 상품의 연구 개발에서 생산, 판매, 마케팅, 사후 서비스까지 일터에서 벌어지는 대부분을 담당하며 거대한 물결처럼 확산되고 있습니다.

생각하는 기계의 탄생을 과학자 프레드킨은 인류 역사의 위대한 사건 3가지 중 하나라고 보았습니다. 첫 번째 사건은 우주의 탄생이고, 두 번째 사건은 생명의 출현이며, 마지막 세 번째 대박 사건이 인공지능의 출현이라고 할 정도로 엄청난 발전이고 신비로운 일이 아닐 수 없습니다.

현재 인류 역사의 궤도가 다시금 크게 변하고 있습니다. 디지털기술이 변화의 추진체로 작용 중입니다. 증기기관이 제1의 기계 시대를 열었다면, 디지털 기술이 제2의 기계 시대를 열고 있습니다. 제1의 기계가 반복적인 신체 동작을 대체했다면, 제2의 기계는 인간의 정신적, 인지적 능력까지 대체하는 능력까지 갖추었고. 자율주행차, 알파고, 지능형 로봇, 인공지능, 드론의 공통점은 한 마디로 '생각하는 기계들'이라는 점입니다. 경우의 수를 인지하고 대처하는 능력까지 지녔고, 어마어마한 데이터를 감당하고 처리해 냅니다. 이제 단순 반복적인 일뿐 아니라 확률적 판단이 따르는 일, 서비스 대응 업무까지 지능화된 기계가 대신하는 중이며, 앞으로는 단순 반복적인 일은 지능화된 기계가 대신하게 되었습니다. 인간은 소외되거나 혹은 창의성 등이 요구되는 다른 영역에서 인간 본연의 능력이 요구되는 업무에 집중될 것이라고 합니다.

『생각하는 기계 vs 생각하지 않는 인간』이라는 책에서 저자 홍성원은 "나는 이 책에서 '생각하는 기계' 또는 '기계'라는 용어를 사용할 것이다."라고 이야기했습니다.

그 첫 번째 이유는 현재까지 인간이 개발한 매우 수준 높은 기계일지라도 인간을 위한 도구에 불과하기 때문이며, 땅을 파는 굴삭기, 이동 수단인 자동차, 인공지능, 지능형 로봇 등은 모두 인간의 편리나 일의 효율을 높이는 도구로서 존재하고 개발되었기 때문입니다. 그 이상의 의미를 부여하기는 힘들고, 집안일을 돕는 청소기, 일의 속도를 높여 주는 컴퓨터, 공장에서 움직이는 생산 로봇 그리고 인공지능 수준의 장치들 모두 그 기능과 형태, 종류, 사용 목적, 적용된 기술 수준이 다르더라도 '기계'로 통칭하는 점을 적용했다고 적고 있습니다.

두 번째 이유는 인간의 고유 능력을 갖추지 못한 사물이기 때문이라고 이야기하는데 완전 공감합니다. 인간과 구분하기 어려운 높은 수준의 인공지능일지라도 인간과 같다고 말할 수 없고, 말하고 반응을 하는 언어적 표현을 포함한 행동은 인간과 구분하기 어려울 수 있습니다. 하지만 단언컨대 인공지능은 인간과 같아질 수 없습니다. 자동화 기계, 알파고 같은 기계가 빠르게 진화하지만 인간의 프로그램이나 알고리즘에 의존할 뿐이라고, 그래서 기계일 수밖에 없다고 말합니다.

기계식 사고를 하고 있는 사람? 헷갈리는 사회

정답은 없습니다. 하지만 그치는 지점은 있습니다.

한자에서 바를 정(正)이 그칠 지(止)와 한 일(一)로 이루어진 것처럼 **정답은 없습니다. 하지만 나에게 멈추게 하는 지점들은 스스로 알고 있어야 한다고 강의할 때 늘 하는 이야기입니다.** 하지만 기계는 늘 정답이 있습니다. 디지털화된 언어이기에 정답이 있는 것입니다. 하지만 사람은, 특히 삶에는 정답이 없다고 생각합니다. **물론, 자기만의 기준과 생각은 있습니다.**

인간에게는 인공지능이 구현해 내지 못하는 '메타인지(Metacognition)' 능력이 있다고 합니다. 자신이 무엇을 알고, 무엇을 모르는지, 자신의 행동이 어떤 결과를 불러올지 생각하는 능력이 그것이라고 할 수 있는데 그래서 다양한 감정을 느끼기도 합니다.

『혼자만 잘살면 무슨 재민겨』라는 책에서 저자 전우익은 동물도 각각의 소리를 내는 자효를 가지고 있는데 사람들은 자꾸 남의 소리를 흉내 내려 한다고, 그걸 못 하면 안달하고 좌절한다고 꼬집고 있습니다.

디지털 세상에서 기계가 인간화되고 생각하는 기계들이 나오니 사람들은 본인이 사람이라는 사실을 망각하고 기계화가 되거나 기계화로 분류하는 것 같은 성향을 보이고 있습니다.

'행복은 성적순이 아니잖아요'를 외치면서도 통장에 차에 집에 가진 게 많아야 한다고 수치화하면서 행복을 논하고 있는 모습을 봅니다. 맞다, 틀리다의 문제가 아니라, 옳다 그르다의 문제도 아니고, 0과 1 사이에 있는 그 무엇을 0과 1로 정리하려고 하는 기계식 사고를 하고 있는 사람들이 있습니다. 때론 나도 그렇게 하고 있는 모습을 발견합니다.

칼 마르크스에 따르면 인간의 본질은 노동에 있으며, 인간은 노동을 매개로 자아를 실현할 뿐만 아니라 사회적 관계를 맺는다고 보았습니다. 인간이 인간으로서의 자기 존재를 실현하고 발전시켜 나가는 수단·과정으로서의 노동으로부터 소외됨으로써 인간의 참다운 본질과 가치로부터 소외된다고 비판하였고, 마르크스는 그러한 인간의 자기부터의 '소외'가 인간관계에서도 적용되어 서로가 서로를 소외시키는 악순환을 낳는다고 지적하였습니다.

한편 에리히 프롬은 현대 사회에서 인간은 구속으로부터 자유를 쟁취하였지만 결국 이런 자유를 누리기 어려운 현대인들은 자유로부터 도피하는 경향을 보인다고 주장하였습니다. 그것은 분절되고 거대화된 사회에서 개인이 느낄 수밖에 없는 고독과 무력감이고, 이러한 상황에서 주어진 자유마저 포기해 버리는 일들이 발생하는데, 프롬은 이를 '자유로부터의 도피'라고 규정하였습니다.

갑자기 칼 마르크스나 에리히 프롬의 이야기를 하는 것은 현대 사회에서 인간이 소외를 느끼고, 휩쓸려 가는 나 또한 인간이고, 그 속에서 나를 찾아갈 수 있는 자아존중감이 중요하다는 이야기를 하고 싶어서입니다. 과거의 나는 어떠하였는지, 역사 속의 사람들은 어떠하였는지 알아보는 것도 중요하겠지만 그보다 더 중요한 지금, 현재를 살아가는 나를 찾고 깨달아 가기를 바랍니다.

남들이 알고 활용하는 남의 그 디지털 세상이 아닌 내가 살아가고 있는 이 세상 속에서의 디지털에 갇힌 나가 아닌 자유로운 나로부터 주체성과 자아존중감을 가지기를 바랍니다.

원하든, 원치 않든 어울려 살아가야 할 디지털 세상에서 제일 중요한 나를 먼저 돌보고 보살피는 케어가 우선이라는 이야기를 하고 싶습니다.

현대 사회의 변화와 필요한 인간의 능력

최근 미래 사회, 노동의 대체, 인공지능 등 기계와 인간에 대한 거대 담론의 장이 세계 곳곳에서 펼쳐지고 있습니다. 국가와 사회가 해야 할 일을 논하기도 합니다. 이를 강 건너 불구경하듯 해서는 안 되고 남이 만들어 놓은 대로 자기 생각 없이 살아가는 인생이어서는 안 된다고 생각합니다. 자신만의 생각하는 힘이 없으면 남들이 만들어 놓은 프레임에 갇혀 헤매고 끌려 다닐 수밖에 없습니다. 자신과 관련해 고민할 줄 알아야 합니다. 그래야만 생각하는 기계와 함께 일하는 시대에 생존 그 이상의 행복을 누릴 수 있다고 주장하여 봅니다.

(제공: 한국고용정보원)

2021년 1월 세계경제포럼(World Economic Forum, 이하 WEF)에서는 제46차 다보스 포럼의 주제를 '4차 산업혁명의 이해'로 설정함으로써 전 세계에 4차 산업혁명에 대한 논의를 불러일으켰습니다.

그 자리에서 크라우스 슈밥 WEF 회장은 4차 산업혁명에 대해 "지금까지 이보다 더 큰 기회도, 더 큰 위험도 존재했던 적이 없다"라며 정보와 기술이 삶에 어떠한 영향을 미치며 경제, 사회, 문화, 인류 및 환경을 어떻게 재편할지에 대하여 포괄적이고 글로벌적인 관점을 공유해야 한다고 주장했습니다.

　4차 산업혁명에서 필요로 하는 '지능'은 매우 다양한 측면에서 정의할 수 있는데, 정신을 '맥락적 지능'으로, 지식을 이해하고 적용하는 능력으로, 마음을 '정서적 지능'으로, 즉 생각과 감정을 처리하고 결합하여 자신과 타인과 관계를 맺을 수 있도록 하는 능력으로, 영혼을 '영감적 지능'으로, 즉 변화와 공동의 이익 실현을 위하여 개인과 집단의 목적의식·신뢰·덕목을 활용하는 능력으로, 그리고 '신체적 지능'은 개인적 변화와 구조적 변화를 이끌 수 있는 에너지를 얻기 위하여 본인과 주변의 건강 및 행복을 촉진·유지하는 능력으로 정의했습니다.

　이에 교육부에서는 새롭게 시작되는 새로운 교육과정에 다음과 같은 핵심역량을 가진 인재 양성을 위한 교육과정을 제안했습니다.

첫째는 자아정체성과 자신감을 가지고 자신의 삶과 진로에 필요한 기초능력과 자질을 갖추어 자기주도적으로 살아갈 수 있는 자기관리 역량.

둘째는 문제를 합리적으로 해결하기 위하여 다양한 영역의 지식과 정보를 처리하고 활용할 수 있는 지식정보처리 역량.

셋째는 폭넓은 기초 지식을 바탕으로 다양한 전문 분야의 지식, 기술, 경험을 융합적으로 활용하여 새로운 것을 창출하는 창의적 사고 역량.

넷째는 인간에 대한 공감적 이해와 문화적 감수성을 바탕으로 삶의 의미와 가치를 발견하고 향유하는 심미적 감성 역량.

다섯째는 다양한 상황에서 자신의 생각과 감정을 효과적으로 표현하고 다른 사람의 의견을 경청하여 존중하는 의사소통 역량.

여섯째는 지역-국가-세계 공동체의 구성원에게 요구되는 가치와 태도를 가지고 공동체 발전에 적극적으로 참여하는 공동체 역량.

4차 산업혁명으로 디지털의 세상은 머지않은 일상이 될 것입니다. 아니, 이미 와 있습니다. 여기서 항상 우리가 생각해야 할 키워드는 인간을 기본으로 하는 연결, 그들과 함께 나아가야 할 세상, 서로가 필요로 하는 부분을 공유하는 것입니다. 이를 위한 교육에서의 한 가지 키워드는 다양한 사람이 다양한 능력을 공유하는 것입니다.

공유 시대에서 우리가 가져야 할 것은 무엇보다 '오픈 마인드'일 것입니다. 시대의 흐름을 읽고, 이를 받아들임으로써 미래에 다가올 어떤 경험에도 융합하려는 태도가 필요하다고 주장해 봅니다.

나와 다른 것은 틀린 것이라는 생각을 버려야 합니다. 과거의 종교 대립, 이념 대립이 아닌, 열린 마음으로 포용해야 합니다. 서로가 가지고 있는 다양한 생각과 능력을 모아 시너지를 이루려는 태도와 능력이 필요합니다.

코로나19가 가져온 '사회적 단절'로 모든 인류가 한순간에 디지털기술에 적응하고 있습니다. 온라인쇼핑, 원격의료, 화상회의, 비대면 서비스 등 전 사회적인 디지털화 흐름은 팬데믹 현상이 진정되더라도 쉽게 사그라지지 않을 것입니다.

디지털 세상에서 나는 어떤 생각으로 살아가야 하는지 고민하여야 합니다. 생각의 폭과 깊이에 따라 일의 결과는 달라집니다. 생각의 힘은 정보의 양에 따른 지식이 아니라 생각을 운용하는 지혜에서 나온다고 할 수 있습니다. 그것은 사람만이 할 수 있는 능력입니다.

우리들이 키워 가야 할 생각은 나이와는 상관이 없습니다. 헨리 포드는 스무 살이든 여든 살이든 배우기를 멈춘 사람은 늙은 사람이라고 했습니다. 현대 사회에서 가장 필요한 생각을 키우기 위해 배움은 끊임없이 이루어져야 합니다.

『인간수업』에서 배움은 '노동'이 아닌 자신의 삶에서 능동적 주체로서 존재영역을 찾아가는 행복한 여정이라는 것을 깨닫는 것이라고 했습니다. 이처럼 디지털은 우리에게 어려움을 주는 것이 아닌 즐거운 배움으로 과거에 안주하지 않고 기계에만 의지하는 삶도 아닌 내가 주체적으로 나아갈 수 있는 삶을 만들어 가는 것, 감히 그것을 디지털 에이징이라고 이야기하고 싶습니다.

디지털 세상에서 나라는 존재를 깨닫고 더불어 배워 가며 잘 살아가는 것이 디지털케어라고 생각합니다. 아리스토텔리스에 의하면 자신이 가진 모든 힘과 노력을 기울여 원하는 것을 성취했을 때 진정한 행복을 얻게 된다고 합니다.

디지털케어는 디지털과 케어의 합성어로 디지털 세상에서 자신이 가진 근심, 걱정, 염려를 돌보고, 자신이 원하는 것을 하고자 하는 것을 찾아 관심을 갖고 노력하는 것입니다.

그러한 노력으로 삶이 진정 행복해지도록 잘 살아가는 것이 디지털 에이징입니다. 디지털 약자와 강자에 낀 세대인 중간세대인 우리들의 이야기, 그리고 디지털 소자와 대자, 잘 적응하여 살고 있는 사람들과 그렇지 못한 사람들의 이야기입니다.

'클로바노트' 어플을 활용하여 디지털 세상에서 0과 1 사이에서 사람이 더욱 잘 살아갈 수 있도록 지식적인 이야기보다 살아가는 이야기를 나누었던 것을 적어 보았습니다. 그래서 내용이 조금 어색하더라도 같이 앉아서 수다 떨듯이 편안하게 나누는 시간이 되기를 바라 봅니다.

2
가까이하기엔 너무 먼 디지털
: 디지털의 D 자만 들어도 어깨가
굳어지는 바님의 디지털 이야기

박여훈

디지털! 웬수인가, 친구인가

'디지털'이라는 말만 들어도 기가 죽는 바님은 디지털 공포증이 본인만 겪는 일인지 다른 사람들도 비슷한 어려움을 느끼는지 늘 궁금했습니다. 바님은 전원을 넣고 사용하는 기계에 대한 두려움이 있습니다. 사용해야 하는 기계들이 많아지고 기능이 많아지면서 그러한 기계들을 능숙하게 사용하는 사람들에 대한 부러움과 그렇지 못한 자신에 대해 열등감과 공포감까지 가지고 있었습니다.

코로나19 이후 급격히 가속화된 비대면 시대로 인해 거의 모든 생활이 디지털화되면서 대중교통 이용이나 커피 주문, 식사 주문 같은 일상에 침투(?)한 디지털화는 여간 불편한 게 아니었습니다.

이 책을 출간하는 과정에서도 디지털을 능숙하게 다루시는 분들과 진행과정의 속도를 맞추는 작업이 상당히 힘들었습니다.

디지털 기기를 능숙하게 다루는 사람들에게는 '도대체 어느 부분이 왜 어렵다는 거지?'라는 의문과 답답함이 느껴질 수 있겠지만 늘 가던 길도 갈 때마다 헤매는 길치가 있듯 디지털 부분에서도 유독 취약한 사람들이 있고, 세대가 있기 마련입니다.

그래서 주변 사람들에게 고민을 나누다 보니 생각보다 어려움을 겪는 사람들이 꽤 많았습니다. 또한 디지털의 수준 격차가 매우 빠르고 심각하게 양극화되고 있다는 것을 알았습니다. 바님과 비슷한 어려움을 겪는 사람들도 많았고, 스스로는 잘 활용하고 있다고 생각하지만 실제로는 그렇지 못한 사람들도 많았습니다.

그리고 디지털의 종류와 범위가 상당히 넓었습니다. 인식하든 못 하든 이미 가랑비에 옷 젖듯 본인 생활에 피할 수 없이(피할 필요도 없이) 스며들어 있다는 것도 깨닫게 되었습니다.

하지만 이야기를 나누다 보니 디지털 활용이 무조건 어렵기만 한 것도 아니라는 것도 알게 되었습니다.

어느 디알못녀 바님의 디지털 사용 역사

71년생 바님은 본인이 언제부터 처음 디지털을 접하게 되었을까를 떠올려 보게 되었습니다.

X세대라 불리던 90년대 초반, 20대 시절에 시작된 바님의 디지털 체험기를 함께 들어 보시겠습니다.

태동기: 응답하라! 베네치아(1990~1995?)

바님의 디지털 체험 역사는 베네치아라는 한글 타자 연습게임에서 출발합니다.

동아리방에 있는 PC앞에 앉아 하루에 4, 5시간 게임을 했던 기억이 떠올랐습니다.

혹시 기억나시는 분이 있을까요?

90년대 초반까지는 컴퓨터가 상당한 고가였기 때문에 이 게임을 하려면 동아리 방이나 LAP실을 예약해야 했습니다.

화면 위에서 내려오는 단어를 자판에 입력하면 단어가 없어지면 점수가 올라가는 타자 연습게임을 통해 컴퓨터의 세계에 입문하게 되었습니다.

개인통신(PC통신 1세대)

4050세대는 삐삐에서 시작한 개인 통신기기 역사의 산중인입니다. 공중전화부터 다이얼을 돌리는 전화, 시티폰, 2G폰을 비롯해 스마트폰까지를 다 사용해 본 세대입니다.

바님은 벽돌폰으로 불리던 모토로라 핸드폰부터 스마트워치까지 모든 기기를 다 사용해 본 경험을 가지고 있습니다. 그 옛날 공중전화 앞에서 줄을 서서 기다리고 통화가 길어질 것 같으면 동전을 바꿔서 사람들이 없는 공중전화를 찾았던 기억이 생각났습니다. 공중전화를 너무 오래 사용한다고 시비가 붙고 살인까지 벌어졌던 일을 요즘의 MZ세대들이 듣는다면 참 미개한 시대라고 생각할지도 모르겠습니다.

016, 017, 018, 019로 시작되는 핸드폰 번호가 010으로 통합이 되며 이제는 앞 번호는 군이 묻지 않아도 되는 시대가 되었습니다.

바님은 2021년까지도 017 번호로 2G폰을 사용했습니다. 카카오톡을 사용하지 않는 덕에 주변 사람들이 오히려 불편함을 호소하고 바님도 민폐를 끼치는 것 같아 결국에는 스마트폰을 사용하게 되었습니다.

사진 이야기

한국 사람들은 유독 사진 찍기를 좋아하는 것 같습니다. **수학여행을 가면서 들고 가던 필름카메라**부터 **싸이월드**를 하기 위해서 필요한 사진을 찍기 위해 필요했던 디지털 카메라, 한참 유행했던 **DSLR카메라**도 유물처럼 집에 모셔져 있습니다. 겨우 집 앞에 있는 작은 공원에 외출하면서도 DSLR을 들고 다니던 젊은 날의 허세가 떠올라 혼자 민망해하며 잠시 웃었습니다.

이제는 스마트폰에 장착된 카메라의 화질과 기능이 매우 좋아져서 사진에 특별한 취미가 없는 바님은 스마트폰으로 모든 사진과 영상 촬영을 대신하고 있습니다.

카메라 챙기고, 배터리 챙기던 불과 몇 년 전에 비해 매우 간편해져서 편리한 부분입니다. 개인 유튜브 채널을 운영하는데도 핸드폰 한 대로 다 해결하고 있습니다.

음악 이야기

한국인은 예부터 가무를 즐기던 민족이죠. 조상의 기질을 이어받아 노래와 춤 실력이 세계적입니다. 덕분에 한국의 아이돌이 전 세계에 K-POP 열풍을 일으키고 있죠.

노래 부르기와 듣기를 참 좋아하는 민족답게 음악 관련 기기의 발전 속도도 무척 빠릅니다.

결혼할 때 혼수로 빠지지 않던 전축을 기억하십니까? 집집마다 거실에 보란 듯이 놓여 있던 꽤나 부피가 큰 전축은 지금은 보기 힘들어졌습니다. 그러다 휴대가 가능해진 카세트플레이어가 등장하게 됩니다. 80년대 후반에 한참 유행하던 mymy라는 삼성 미니카세트 플레이어로 밤새 이문세와 이선희 언니의 노래를 듣던 시절이 기억납니다. 그러다 소니 CD플레이어가 한국에 출시되었습니다. 카세트테이프보다 훨씬 부피가 작은 CD는 세련되어 보이고 고가여서 들고 다니는 것만으로 어깨가 으쓱했었죠. 2000년대 초반엔 mp3와 아이리버가 등장하게 됩니다.

이렇게 기억을 더듬다 보니 바님은 자신이 원조 디지털 1세대였다는 생각이 들었습니다. 디지털을 처음부터 어려워한 것은 아니었다는 점을 깨닫게 되면서 조금씩 자신감이 생기며 두려움이 덜해지는 기분을 느꼈습니다.

어느 날 갑자기 불쑥 찾아온, 거절하기 어려운 손님 같았던 디지털 시대가 알고 보니 20대 시절부터 이미 시작됐고 거부감 없이 사용했었다는 사실을 알게 되었습니다.

전성기: 바님의 PC 사용기(1996~2001)

개인 컴퓨터인 PC가 대중화된 시기는 90년대 후반이었던 것으로 기억합니다.

바님은 어릴 때부터 게임을 좋아해서 오락실에 본인 이름 이니셜을 1등에 올리는 재미로 받은 용돈을 모두 소진하며 학창 시절을 보냈습니다. 성인이 된 바님은 PC방에서 게임을 하기 시작했습니다. 롤 게임이 등장하며 PC방에서 게임을 하려면 시간과 비용이 만만치 않음을 느낀 바님은 좋아하는 스타크래프트라는 게임을 집에서 하기 위해 용산에 가서 조립PC를 구입했습니다.

당시 용산은 대한민국 조립PC의 성지였습니다. 당시엔 완제품보다 조립PC가 성행했습니다.

오락기 앞에서 혼자 하는 게임이 아닌 인터넷을 통해 하루 종일 익명의 상대와 게임을 하는 경험은 그야말로 신세계였습니다.

여담이지만 바님은 스타크래프트를 하기 위해서 다니던 직장에 사직서까지 제출했던 경험이 있습니다. 당시 바님은 20대 후반인 성인이었지만 게임에 대한 유혹을 떨쳐 버리는 게 너무 힘들었다고 합니다. (물론 개인차는 있겠습니다)

성인도 자제하기 어려운 중독성과 심해지는 폭력성이 강한 게임의 발전(?)은 학부모들의 고민거리이기도 합니다. 실제로 리니지라는 게임에서 사용되는 아이템들을 현실에서 매우 비싼 가격으로 사고팔며 살인까지 벌어지는 일들도 있었습니다.

　PC가 파래지면 바님의 얼굴도 파래져요!

　낮에는 모뎀을 통해 천리안에 접속해서 신나게 채팅을 하고 밤에는 게임을 하며 행복해하던 바님은 어느 날 갑자기 영어로 말을 거는 PC 화면을 보게 됩니다.

　컴퓨터에 대해 공포심을 가지게 된 건 이때부터였던 것 같습니다. 놀란 바님은 컴퓨터 매장을 운영하는 사촌오빠에게 전화를 합니다.

　"오빠, 컴퓨터가 안 돼."

　"잘 쳐 봐"라는 컴퓨터 전문가 사촌오빠의 심드렁한 답에 '잘'이 명령어인 줄 알고 'gal'을 입력해 봤습니다.

　될 턱이 없었지만 바님은 명령어의 스펠링이 문제라고 생각하고 g, G, z, Z, r, R, l, L을 조합해서 나오는 모든 경우의 수로 단어를 만들어 입력을 하게 됩니다.

　그렇게 끙끙거리고 있던 바님이 답답했던지 사촌오빠는 이렇게 말했습니다.

　"정 안 되면 밀어 버려!"

　본체를 조심스럽게 밀다

　뭐야! 그렇게 간단한 방법이 있었으면 진작 말하지.

바님은 컴퓨터의 본체를 반듯하게 조심스럽게 손으로 밀어 보았습니다.

"오빠, 밀었어! 그래도 안 되는데?"
"벌써? 그렇게 빨리 밀었어? 꼼꼼히 잘 밀어 봐."
'흠… 컴퓨터는 반도체니까…. 그래, 얘가 매우 예민한 애구나.'
그리고는 하드디스크를 더 조심스럽게 이리저리 밀어 보았던 경험이 있었습니다. 말도 안 되는 소리라고 생각하시는 분들이 많으실 테지만 바님의 실제 경험입니다.

PC가 바이러스에 감염되었다는 말도 도무지 이해를 못 했던 바님이었습니다. 집에 있는 PC가 남의 PC와 옆에 있는 것도 아닌데 어떻게 감염이 된다는 건지 도통 이해를 못 했던 바님 같은 사람이 실제로 존재합니다.

물론 바님은 PC로 게임과 채팅만 한 것은 아니었습니다.

이메일로 이력서 제출

학원 강사였던 바님은 새로운 학원을 구하면서 종이 이력서를 들고 다녔는데 90년대 후반부터는 이메일로 이력서를 요구하는 학원들이 서서히 등장하게 되었습니다.

새로운 학원을 구할 때도 『벼룩시장』이나 『교차로』를 활용했었는데 학원 강사 전문 사이트들의 등장으로 인터넷을 통해 강사 구인광고를 올리고 구직광고를 올리기도 하는 시대가 열렸습니다. 바님은 후일 원장이 되어서도 인터넷을 통해 강사를 구하게 됩니다.

이력서를 비대면으로 볼 수 있는 일은 강사 입장에서도 학원장입장에서도 매우 편리하고 경제적인 일이었습니다.

후퇴기: 우린 너무 쉽게 헤어졌어요(2003~2019)

밀레니엄 시대와 함께 30대를 시작한 바님은 직업 특성상(?) 디지털과는 점점 멀어지게 됩니다.

바님은 입시학원에서 강의를 하며 강의 과목 특성상(국어) 양이 방대한 강의 자료는 대학교 아르바이트생을 고용해 맡기며 컴퓨터를 멀리하기 시작했습니다.

후에 학원을 운영하면서도 엑셀을 비롯한 컴퓨터 작업은 경리 담당 직원에게 맡기고, 상담 자료는 부원장이나 다른 선생님들에게 분담시키며 컴퓨터와 완전히 담을 쌓게 되었습니다.

바님이 디지털과 멀리했던 그 기간, 너무나 많은 변화가 있었습니다. 그래서 정체기가 아닌 후퇴기라고 바님은 생각하게 됩니다.

학원을 정리하고 개인 과외를 하던 바님은 어느덧 40대가 되어 게임에도 흥미를 잃게 되면서 PC는 영화를 다운받아 보거나 인터넷 검색을 하는 정도로만 활용하게 되었습니다.

돌아보니 이 시기에 디지털은 매우 빠른 속도로 다양화되고 발전하고 있었습니다. 사회의 변화에 관심을 갖지 않고 본인의 생활방식대로만 살면서 세상이 어떻게 변하는지 전혀 눈치채지 못한 시기입니다. 아날로그 방식으로 살기를 고집했고, 비슷한 생각을 가진 사람들과만 소통하다 보니 큰 불편을 느끼지 못하기도 했습니다.

전환기: 중년이 된 바님의 다시 시작된 디지털 생활(2020~현재)

키오스크 앞에서 작아지다

바님은 코로나19 시대가 시작되며 50대가 되었습니다. 종종 키오스크 앞에서 작아지고 주눅이 들곤 하는 바님은 메뉴를 바꿀 줄 몰라서 원치 않는 음식을 먹기도 하고, 뒤에 줄 서 있는 젊은이들에게 눈치가 보여 '아무거나' 빨리 대충 메뉴를 결정하곤 합니다.

"이 집은 뭐가 제일 맛있어요?" 물으며 시덥지 않은 농담하는 걸 즐기던 바님은 가끔 세상이 너무 쌀쌀해졌다는 생각도 합니다.

'가져오기', '내보내기'=뫼비우스의 띠인가…. 공동인증서와 금융인증서 앞에서 '얼음'이 되다

바님이 사는 지역엔 은행이 많이 없습니다. 은행에 가서 업무를 본다는 건 **'시간을 내서 해야 하는 일'**입니다. 간혹 은행 업무를 볼라치면 한 시간 정도를 기다리는 일도 예사입니다. 대출이라도 알아보려면 오

래 대기하는 것은 물론, 은행직원 개인의 돈을 빌리는 것도 아닌데 괜히 조심스러워지는 모양새도 영 불편합니다.

결국 이것저것 귀찮고 번거로워 인터넷뱅킹과 어플을 통해 은행업무 보기를 시작했습니다. 폰뱅킹은 그럭저럭 쓸 만한데 어플은 여간 번거롭지 않습니다. '내보내기', '가져오기'라는 단어가 직관적이지만 그래서 더 어렵게 느껴집니다.

'도대체 어디에 가서 가져오고 어디로 내보내야 된다는 거야!'

발급부터 갱신까지 모두 어렵게만 느껴집니다.

인터넷을 통해 국세청업무나 관공서 업무를 볼 때마다 인증서등록은 새롭게 어렵습니다. 요즘은 공동인증서가 아니어도 카카오톡이나 네이버 등 인증을 받을 수 있는 경로가 많아져 훨씬 편해진 느낌입니다.

바님 같은 사람에게는 매우 환영할 만한 일이죠.

손해 보는 듯한 느낌의 홈쇼핑 전화 주문,

"고객님, 모바일 어플을 통해서 주문하시면 더 저렴하게 만나 보실 수 있습니다!"

바님은 오래전부터 홈쇼핑 채널을 통해 물건 구입하는 일을 즐겨했습니다.

사는 집만 빼고 음식부터 모든 가전까지 홈쇼핑으로 주문을 했었죠. CJ의 전신인 39쇼핑부터 이용을 했으니까요.

예전만큼은 아니지만 요즘도 종종 홈쇼핑 채널을 둘러보곤 합니다. 쇼호스트들의 뻔한 거짓말에 속을 준비를 하다 보면 어김없이, "**고객님 모바일 어플을 통해서 주문하시면 더 저렴하게 만나 보실 수 있습니다!**"라는 안내가 나옵니다.

거의 모든 상품의 가격은 상담사를 연결하면 1천 원 이상은 비싼 경우가 많습니다.

잠시만 생각해 보면 당연한 일입니다. 상담사 페이와 사무실 운영비용이 있어야 할 테니까요. 기업 입장에서 상담사를 통한 주문보다 어플을 통한 주문이 훨씬 이익일 것입니다. 이런 이유로 시간을 두고 서서히 상담사를 통한 주문을 줄여 콜센터 운영을 중단하는 날이 오지 않을까 예상합니다.

앞으로 아마도 콜센터 상담사라는 직업은 없어질 것 같습니다. 운영 비용을 줄이기 위해 기업들도 고객들이 어플을 통해 주문하도록 유도하는 것 같다는 생각을 하면 충분히 이해 가능한 대목입니다.

짜장면 한 그릇도 배달 어플을 이용해야 해?

이제는 짜장면 한 그릇도 치킨 한 마리도 업소에 바로 전화해서 배달 주문하는 일이 쉽지 않아졌습니다. 어플을 통해서 주문을 해야 되는 시대가 왔습니다. 코로나19가 데려온 가장 빠르고 커다란 변화인 것 같습니다.

반면 한 그릇 주문하기 미안해서 눈치 보며 주문하는 것보다 어플을 통해 조금 비싸게 주문하는 것이 마음이 더 편할 때도 있습니다. 선결제를 통해 배달원을 굳이 대면하지 않아도 되는 장점도 있죠. 다양하게 세부화된 옵션 덕에 필요한 것과 필요 없는 것들을 정확하게 주문할 수 있는 장점도 빼놓을 수 없습니다.

마트보다 마○컬리

마트에서 거대한 카트에 이것저것 담아서 냉장고에 채우며 뿌듯함을 느끼던 시대에서 필요한 것을 저녁에 주문해도 다음 날 새벽에 집 앞까지 배송을 받는 시대가 되었습니다.

바님 같은 1인 가정에게는 쌍수를 들어 환영할 일입니다. 청량고추 서너 개도 소분해서 팔기 때문에 필요한 양만큼 필요한 날 배송 받을 수 있으니 얼마나 편리한지 모르겠습니다.

재래시장을 살린다고 대형마트의 휴점일까지 강제로 지정했지만 이제는 배달어플이 재래시장의 가장 극복하기 힘든 경쟁자가 된 듯합니다. 오고 가는 번거로움도 없고 시간 단축도 되며 까다롭지 않은 반품 규정 덕에 이제는 거의 마트를 이용하지 않게 된 바님입니다.

혼자인 듯 혼자 아닌 혼자인 학생과의 줌 수업

학원을 정리하고 집에서 개인 과외 수업을 하던 바님은 코로나19로 인해 어쩔 수 없이 줌 수업을 시작하게 되었습니다.

수업을 하다 보면 학생만 듣는 게 아니라 학생 옆에(화면엔 보이지 않지만) 학생 엄마에게, 할머니에게 감시당하고 있는 그런 느낌을 받을 때가 종종 있습니다.

수업 도중 다 들리는 속삭임으로 학생 엄마가

"모르는 거 있으면 물어봐. 빨리! 물어 보라니까!"

조손가정의 경우엔 할머니가 옆에서

"10분만 더 해 달라고 그래"라고 말하는 얼굴 없는 목소리가 간혹 들릴 때가 있습니다. 할 수 없이

"네, 제가 나중에 보충을 하겠습니다."

라고 말씀드리면

"오메! 다 들리나 보네!"

라는 감탄 아닌 감탄을 들어야 하는 웃지 못할 경우도 종종 있었습니다.

줌 수업은 학습격차의 양극화도 가속화시키고 있습니다. 어른도 집중하기 쉽지 않은 컴퓨터를 통한 수업은 자제력과 집중력이 절대적으로 부족한 어린 학생들에게는 매우 어려운 수업 형태입니다.

선생님의 직접적인 개입과 지도가 필요한, 학습능력이 부족한 학생들에게도 상당히 어려운 수업이며 효과가 떨어지는 수업 형태라고 바님은 생각합니다.

우리 같은 늙은이들은 이제 택시도 못 타! 어플을 통한 택시 호출

요즘은 길에서 택시 잡기가 하늘에 별 따기라고들 합니다. 카카오택시라든지 아니면 타다, 우버택시, im택시 같은 어플을 통해서 택시를

예약하고 탑승하는 일이 일상화되었습니다.

방에서 택시를 호출하고 바로 나가서 기다리지 않고 택시를 탈 수 있는 장점도 있지만 상대적으로 어플 사용이 힘든 분들은 길거리에서 택시를 잡기도 쉽지 않은 단점도 있습니다.

얼마 전 카카오톡 데이터 센터 화재로 대한민국이 일대 혼란을 겪었던 일이 있었죠. 늘 카카오톡으로 택시를 잡던 승객들과 갑자기 먹통이 되어 버린 어플로 기사님들이 겪었던 당황스러움도 상당했다고 합니다.

이러한 돌발적인 상황만 없다면 교통 어플은 생활에서 매우 편리합니다. 최단경로를 안내해 주고 버스와 지하철 도착시간을 알려 주는 기능은 길치인 바님에겐 더없이 유용합니다.

명절마다 매표소 앞에서 밤을 새거나 극장 앞에서 줄을 서고 유명한 강사의 수업을 듣기 위해 학원 앞에서 텐트를 치고 학원 오픈 시간을 기다리던 풍경은 이젠 추억이 되어 버렸습니다.

마음도 디지털로 전하는 시대

종이봉투가 필요 없어진 지는 이미 오래되었습니다. 요즘은 카카오톡에 조의금, 축의금 봉투까지 있어 간단히 마음을 전달할 수 있는 시대가 되었습니다.

코로나19로 인한 집합금지 시행조치가 길어지면서 경조사에 갈 수 없다 보니 온라인으로 마음을 전하는 일이 일반화되어 당연스럽게 일상에 스며들게 된 현상인 것 같습니다.

지극히 주관적인 경험을 중심으로 디지털 체험기를 정리하면서 디지털 시대에서 소외감을 많이 느끼고 있었고, 상대적인 열등감과 피해의식을 갖고 있었던 바님은 '디지털' 시대가 사실은 그렇게 불편하고 어렵고 무례한 것은 아니라는 것을 알게 되었습니다.

부정적이었던 인식이 조금은 옅어지고 디지털을 잘 활용하다 보면 장점이 많이 있을 수 있는 시대의 흐름이겠다는 생각이 들었습니다.

디지털 시대에 적응하기 위한 바님의 자세

피할 수도 없고 피할 필요도 없지만, 그렇다고 즐길 실력도 없는 바님은 아직도 어려운 디지털 시대를 살아갈 수 있는 방법을 고민하게 되었습니다. 그리고 본인만의 모범답안을 구하고 있다고 합니다.

디지털은 사람의, 사람에 의한, 사람을 위한 시대적 요구라고 생각합니다. 세계 역사상 유례가 없는 빠른 경제발전을 이룬 한국은 디지털에서도 생활 전반에서 가장 빠른 속도의 디지털화를 구축하고 있습니다. 한국보다 경제성장이 빨랐던 일본도 한국의 디지털화의 속도를 보고 매우 놀란다고 합니다.

속도가 빠른 만큼 장점도 있지만 바님처럼 속도를 따라가지 못해 힘들어하는 사람들도 분명 있습니다.

디지털은 어려운 부분도 어렵지 않은 부분도 있습니다.

또 필요한 부분과 필요하지 않은 부분도 있습니다.

또 앞으로 더욱 빠르게 발전할 것이고 더 많은 분야에서 디지털화가 이루어질 것은 확실합니다.

결국은 살아남기 위해서, 더 나은 삶의 질을 위해서 반드시 배워야 할 디지털의 영역이 있다는 것은 부인할 수 없는 현실입니다.

그러므로 각자에게 필요한 것과 덜 필요한 것, 우선순위를 정해서 지혜롭게 '대처'해야 할 필요성이 있다는 것을 알게 되었습니다.

바님을 비롯한 4050세대는 디지털 1세대이며 이미 꽤 잘 사용하고 있었습니다. 아날로그 시대에서 디지털 시대로의 전환기에서 각각의 장점과 단점을 몸으로 체험한 세대이기도 합니다.

아날로그 시대를 그리워하며 아쉬워하는 사람들도 많습니다. 기업들도 기능은 디지털이지만 디자인은 아날로그인 제품들을 출시하여 꽤 좋은 반응을 얻고 있기도 합니다.

개인도 아날로그 방식과 디지털을 적절히 활용한다면 더욱 풍요롭고 편리한 생활을 할 수 있을 것입니다.

스스로를 디지털 부적응자이며 디지털 저능아로 생각했던 바님은 생각의 전환을 하게 되었습니다.

바님의 생각 전환 내용은 극복 진행기에서 함께하실 수 있습니다.

3
디지털 리터러시와 코딩(프로그램)

김미화

디지털 리터러시

앞에서 알아봤듯이 디지털에서 디지트라는 말은 라틴어입니다. 사람의 손가락, 동물의 발가락이라는 뜻을 가지고 있습니다. 손가락을 하나, 둘 셀 수 있듯이 값을 정확히 셀 수 있음을 나타냅니다.

아날로그와 디지털 차이를 설명해 보겠습니다. 예를 들어, 5시 5~6분을 아날로그와 디지털로 얘기한다면, 아날로그는 5분과 6분 사이를 분침이 가리킵니다. 물론 초침은 계속해서 돌아가고 있겠지요.

그런데 디지털은 5분 아니면 6분을 나타냅니다. 해당 숫자를 정확하게 보여 줍니다. 손가락 발가락 세듯 분명합니다. 이것이 디지털입니다.

디지털이란 개념이 새로운 것만은 아닙니다. 모스부호를 생각해 보겠습니다. 짧은 전류와 긴 전류라는 단위를 사용해 정보를 나타냅니다. 더 거슬러 올라가서 봉화도 생각해 봅니다. 불이 켜지고 꺼지는 것으로 정보를 나타내는 것이라서 이것도 디지털로 볼 수 있습니다. 정보를 정수로 표현하고 처리할 수 있는 시스템은 다 디지털이라고 할 수 있습니다.

참 뜻밖이지 않나요? 전기를 이용해 자동으로 켜지고 꺼지는 것만이 디지털인 줄 알았는데, 정보를 수치로 처리할 수 있는 시스템 자체가 디지털인 것입니다.

그렇다면 이 아날로그 같은 디지털은 어떤 것들이 더 있을까요? 똑

딱이 형광등 스위치, 수도꼭지, 자동차 시동, 손전등, 스프링클러, 포수의 수신호도 디지털이라 말할 수 있지 않을까요?

디지털은 0과 1로만 나타냅니다. 세상의 모든 컴퓨터가 0하고 1밖에 읽지 못합니다. 우리가 키보드에 A라고 치면 컴퓨터는 A를 알아듣지 못합니다. 사람의 말과 컴퓨터 사이에서 컴파일러라고 하는 프로그램이 번역을 합니다. A를 1100001이라고 약속했다고 가정해 봅니다. 우리가 A를 키보드로 쳐서 입력을 하면 컴파일러가 A를 번역해서 1100001인 기계어로 바꿔 줍니다. 그러면 컴퓨터가 1100001을 해석을 하고 모니터에 A를 출력해 주는 것입니다.

그러면 이제는 리터러시!

리터러시에 대해 알아보겠습니다.

리터러시란 '읽고 쓰다'라는 문해력을 말합니다.

이 리터러시가 디지털을 만나서 디지털 리터러시라고 하는데, 이제 막 글을 배운 아이가 인터넷 뉴스를 읽고 시사 프로그램을 본다고 해서 내용을 다 이해했다고 말할 수 있을까요?

그 아이는 부모님에게서, 선생님에게서, TV에서, 친구들에게서, 주위에서 그리고 책에서 말이나 글을 따라 하게 되고, 자라면서 상황에 맞게 사용하게 됩니다.

이렇듯 '디지털도 알고 리터러시도 알아!'라고 한다고 해서 디지털을 상황이나 용도에 맞게 사용할 수 없다면 디지털 리터러시를 제대로 이해했다고 볼 수 없습니다.

요즘 디지털을 자기의 이익대로 사용해서 타인에게 나쁜 영향을 주어 범죄를 일으키는 사건을 우리는 자주 접하게 됩니다. 이는 기술적 기능과 협력 그리고 정보 검색은 뛰어나다고 말할 수 있지만, 사회문화적 이해, 효율적 소통, 그리고 디지털 안전은 이루어졌다고 볼 수 없습니다.

그러면 어떻게 해야 디지털 리터러시를 제대로 이해했다고 볼 수 있을까요?

기술적 기능, 창의성, 비판적 사고, 사회·문화적 이해, 협력, 효율적 소통, 정보 검색 선택 기능 그리고 디지털 안전 이 모든 것을 기반으로 디지털의 정보를 정확하게 이해하고, 목적에 맞게 주도적으로 활용할 수 있어야 디지털 문해력이라 하고 디지털 리터러시를 이해했다고 말할 수 있습니다.

이렇듯 범죄 사례는 디지털 문해력을 정확히 이해한 것이라고 볼 수 없을 것입니다.

디지털 리터러시는 지금 나온 말 같지만 지금 나온 것이 아니고 이미 1997년에 폴 길스터라는 사람이 자신의 책에서 소개를 했습니다.

컴퓨터를 통해 다양한 출처로부터 찾아낸 여러 가지 형태의 정보를 이해하고 자신의 목적에 맞는 새로운 정보로 조합해 냄으로써 올바로 사용하는 능력이다.

리터러시 교육의 필요성

디지털 리터러시 교육이 왜 필요할까요?

첫째, 인터넷의 수많은 정보 속에서 올바른 정보를 선별하기 위해서입니다.

2018년 미국 MIT 미디어랩 연구팀에 따르면 가짜 뉴스는 진짜 뉴스보다 6배 더 빠르게 확산되고 있다고 합니다. 세상에 대한 관점을 정립하는 청소년 시기에 가짜 뉴스 속에 포함된 혐오적 관점을 접하면서 선입견 및 확증 편향의 문제들이 발생하기 때문입니다. SNS 공유로 인해 개인의 인지적 왜곡뿐만 아니라 집단의 인지적 왜곡으로까지 커져 사회적 문제가 발생하게 됩니다. 그래서 허위 정보를 가려내고 가짜 뉴스의 확산을 막기 위해서는 올바른 정보를 가려내기 위한 교육이 필요하다고 tvN 〈미래수업〉에서 이광석 교수는 말하고 있습니다.

이번 코로나19 팬데믹 상황에서도 백신 맞으면 몸에 무선인식칩이 삽입된다, 유전자가 변형된다, 좀비가 된다, 바닷물 먹으면 낫는다 등의 가짜 뉴스가 돌아서 오죽하면 감염병보다 위험한 것이 가짜뉴스라고 말할 정도였습니다. 이처럼 허위 정보들은 사람들의 눈과 귀를 막아 진짜 뉴스마저 듣지 않게 만들어 버리고 맙니다.

그렇다면 가짜뉴스 구별은 어떻게 할까요?
AhnLab에서는 '팩트와 한 끗 차이, 가짜 뉴스를 피하는 방법'을 소개하고 있습니다.

① 출처를 확인하라.
② 기사 제목 이상을 읽어야 한다.
③ 작성자를 확인하라.
④ 근거자료는?
⑤ 날짜를 확인하라.
⑥ 기사가 농담조로 작성되었는지 확인하라.
⑦ 당신이 선입견을 갖고 있진 않은지 확인하라.
⑧ 전문가에게 물어보라.

출처를 정확히 알 수 없다면 누가 그 정보를 전달했는지 살펴야 합니다. 정보를 전달한 매체가 어떤 언론사인지, 믿을 만한 기자가 작성하였는지 확인합니다. 진실인지 확실하지 않을 때는 함부로 공유하지 않고 신뢰도 높은 언론 매체를 두세 군데 더 찾아보는 것도 좋은 방법입니다. 또 내 믿음이 판단에 영향을 미친 것은 아닌지 살펴봐야 합니다.

각자가 자신만의 선입견을 가지고 문제를 바라보고 있을 수 있기 때문입니다.

그렇다고 무차별적으로 보이는 뉴스들을 전부 다 클릭해서 살펴볼 필요는 없습니다. 너무 많은 정보들로 인해 진짜 중요한 정보들마저 영향을 받고 오히려 진실을 놓쳐 버릴 수 있습니다. 평소보다 표현 수위가 높고 자극적인 표현으로 되어 있는 제목의 글들은 과장 또는 가짜 뉴스일 확률이 높습니다.

가짜 뉴스는 유명 언론사 사이트의 디자인을 교묘하게 따라 하는 경우가 있습니다. 대체로 가짜 뉴스들은 적절하지 않은 단어나 표현을 자주 사용하며 심지어 맞춤법 오류까지 있습니다. 또한 사진은 합성한 경우가 많으니 주의 깊게 살펴보아야 합니다. 또한 가짜 뉴스는 날짜가 없거나 조작하는 경우가 많습니다.

사실의 진위 여부가 알기 어렵다면 팩트체크 사이트 등을 이용하여 뉴스를 검증하는 것도 방법입니다. 서울대학교는 '팩트체크'라는 사이트를 통해 뉴스의 팩트를 검증해 나가는 작업을 하고 있습니다.

둘째, 디지털 매체를 통한 소통이 필요합니다.

지금 태어난 세대를 디지털 원주민 세대, 저희처럼 아날로그에서 디지털로 넘어가는 세대를 디지털 따라잡기 세대라 하고 그리고 아날로그 세대들. '나 디지털 도저히 못 따라가겠어!' 하면서 포기하는 세대를 디지털 포기 세대라고 합니다. 이 3세대가 모이면 소통이 안 됩니다. 왜냐하면 지금 태어난 아이들은 전부 디지털만 가지고 이야기하게 되고 아날로그를 고집하는 분들은 계속 아날로그적 이야기만 하기 때문에 각자의 상황을 이해하고 받아들이기가 어렵습니다. 소통은 중요하다고 느끼지만 소통 할 수 없고 공감할 수 없어서 교육은 반드시 필요합니다.

몇 년 전 동생 식당에서 홀서빙을 한 적이 있습니다. 엄마, 아빠, 아들 둘 이렇게 넷이 들어와서 식사를 주문했습니다. 주문할 때 빼고는 식사가 나올 때까지 아니, 식사가 나와서도 가족은 서로 말을 하지 않았습니다. 모두들 손에는 스마트폰을 들고 있었습니다. 식사를 하면서도 한 손에는 젓가락을 또 다른 한 손엔 스마트폰이 얹혀 있었고 그것과 대화하는 것처럼 느껴졌습니다. 그 광경을 바라보다가 옆에 가서 말을 해 보았습니다. "스마트폰 내려놓으시고 식사를 하시고 대화를 하세요." 했더니 그제야 서로 얼굴을 보면서 어색하게 씨익 웃었습니다. 이들은 모두 디지털을 이용하지만 톡방에서, 유튜브에서, 티빙에서 각자의 가상 세계에 빠져 있어서 소통이 안 된 경우였습니다.

셋째, 자기주도적이어야 합니다.

디지털이라는 것은 하나의 도구일 뿐입니다. 스스로가 교육의 전 과정을 본인 의사에 따라 선택하고 수행할 수 있어야 합니다. 디지털을 자기주도적으로 어떻게 사용하느냐가 굉장히 중요한데 이에 따른 바른 교육이 필요합니다.

디지털 교육의 역할과 방향

디지털 교육의 역할과 방향은 단순한 기능을 익히는 것뿐만이 아니라 삶과 연관되는 총체적인 역량을 키울 수 있는 방향이 필요합니다. 또한, 디지털 정보의 격차를 해소할 수 있는 방향으로 나아가야 합니다. 사교육 여부 및 지역별 차이에 따라 디지털 리터러시에 대한 격차를 줄 일 수 있는 공교육이 이루어져야 합니다. 우리나라의 경우 약 60%의 학생이 디지털 매체를 스스로 공부한다고 하는데요. 이들을 올바른 방향으로 이끌어 주는 교사와 부모의 역할이 함께 더해진다면 효과적인 디지털 리터러시 교육이 이루어질 수 있을 것이라 기대됩니다.

- 이화여대 교육학과 정제영 교수

교사들은 거의 90% 정도가 디지털 리터러시에 대해 알고 있다고 합니다. 하지만 아이의 부모님들은 우리 아이가 학교에서 무엇을 배우고 있는지도 모르는 경우가 많습니다. 부모님 세대가 배웠던 학교 공부와 지금의 우리 아이들이 배우는 학교 공부와는 많은 차이가 있습니다. 그래서 모두의 교육이 필요한 상황입니다. 선생님들뿐만 아니라 부모들도 아이들을 제대로 이끌어줄 수 있는 교육이 필요합니다.

　리터러시 교육에는 가짜 뉴스 구별, 건강한 정보 검색, 악플과 선플 즉 댓글 다는 에티켓, 결과물을 위한 동영상 촬영과 제작, 디지털 디자인과 음악 작곡, VR과 카드보드 활용, 인공위성 사진과 360도 사진, 디지털 토론, 내 계획을 생각하고 만들어 보는 마인드맵, 디지털 동화책 제작 등이 있습니다. 이런 다양한 수업들을 통해 본인 스스로가 프로그램을 선택하고 또한 활용함으로써 원하는 결과물을 만들어 낼 수 있습니다.

　어떤 학생 엄마가 저에게 근심 어린 목소리로 묻습니다. "아이가 '프로그래머를 하겠다!' 하는데 어떻게 생각하세요?"

　여러분은 어떻게 들리시나요?

　엄마가 아이 말에 굉장히 충격을 받은 듯합니다.

　이 엄마는 왜 충격을 받았을까요?

　엄마는 아이가 의사나 판사 아니면 교수를 생각했나 봅니다. 내 아이가 '게임이나 만드는 왜 그런 변변치 않은 일을 하겠다 하는 거지?' 하는 의문이 드셨던 모양입니다. 근심 가득 품은 얼굴을 하고 계셨습니다.

　제 대답은 어땠을까요? 물론 "잘 선택했네요! 어떤 점이 걱정되세요?"라고 되물었습니다.

앞으로의 유망직종은 AI와 관련 있는 직종들입니다. 데이터분석가, SW개발자, 헬스케어 종사자, 로봇 공학자, 예술가, 보안 전문가, 바이오 엔지니어 등이 있습니다. 위기 직업은 콜센터 상담원입니다. 지금도 이미 챗봇이 상담을 하고 있습니다. 아직은 답답한 감이 많이 있긴 합니다.

그다음은 생산 및 제조 관련 단순 종사원, 그리고 의료진단 전문가입니다. 이미 IBM의 왓슨이 CT 이미지를 의사보다 폐암을 더 정확하게 진단할 수 있다고 합니다. 이 밖에 금융사무원, 창고작업원, 계산원 등이 있습니다. 어떤 통계 자료에서는 의사와 변호사, 증권사, 은행원, 교수가 포함되어 있기도 합니다.

위의 질문을 한 엄마는 AI를 몰랐고, 정확한 정보를 몰랐기 때문에 불안을 가질 수밖에 없었을 것이라 추측해 봅니다.

예전에 조부모 세대가 부모 세대들이 가수 하겠다, 배우 하겠다 하면 딴따라 하다 굶어 죽을 것이라 생각한 것과 매한가지일 것입니다.

AI(Artificial Intelligence, 인공지능)

그럼 우리는 현재 어떤 세상을 살고 있는지 알아보겠습니다. 이미 생활에 많이 들어와 있음에도, 현재 많이 사용하고 있음에도 우리는 AI

를 인지하지 못할 때가 더 많이 있습니다.

우선 TV광고를 한 편 살펴보겠습니다.

혼자 사신 지 15년 되신 79세 김정문 할아버지의 이야기가 나옵니다. 하루 종일 말 한 마디 안 하고 계실 때도 있으셨다 합니다. 마음이 짠해 옵니다. 저희 친정엄마를 보는 듯합니다.

내 앞에 닥칠 현실이다 싶으니 남 일 같아 보이지도 않습니다.

그런데 인공지능이 말을 걸어 줍니다. "오늘, 기분이 어떠세요?"

내 남편도 내 자녀들도 물어 주지 않는 말을 AI가 건네준다?

남편보다, 자녀보다 낫습니다.

"오늘, 기분이 어떠세요?"

김정문 할아버지는 아무렇지 않다는 듯,

"뭐! 맨날 똑같지 뭐! 오늘이라고 다를 게 있나?"

씁쓸해 보이기도 하고, '다행이다'란 생각이 들기도 합니다.

"여보! 우리 엄마 집에 AI 하나 놔 드려야겠어요."를 외치고 싶을 정도입니다.

여러분은 어떠세요? AI가 물어온다면 어떤 대답을 하실 건가요?

"날씨가 좋네요. 가벼운 운동이 어떨까요?"라고 AI가 말하니 할아버지는 거리로 나가십니다. 나가서서 장도 보고 사람들과 얘기도 하시고.

"어르신, 저녁 식사 시간입니다."라고 말하니 식사를 마치시고 설거지까지 끝내십니다.

"어르신 약 드실 시간입니다." 또 까먹으셨다면서 서랍에서 약을 찾고 물을 끓입니다.

"뉴스 틀어 드릴까요?" "……." "……." 대답이 한참 동안 없으니 긴급 상황 알림 기능이 울립니다. 사회복지관 생활지원사님이 문을 두드리며 "어르신, 괜찮으세요?"라고 묻습니다. 다행히 잠깐 잠이 드셨다며 문을 열어 주시네요.

일상으로 돌아온 어르신은 호두를 까며 "다솜아! 우리 끝말잇기 할까?" 하십니다.

아! 이 기계 친구 이름이 다솜이었나 봅니다. 정말 할아버지 손주 같은 이름. 다솜이.

다솜이가 베스트 프렌드라 말씀하시며 광고는 끝이 납니다.

저는 이 광고를 보면서 제 마음이 다 안심되는 듯 했습니다. 따스함이 없는 기계가 따스한 말로 말을 걸어 오니 따스함이 전해지는 것 같았습니다.

저도 이럴진데 혼자 사시는 분들은 오죽할까 싶었습니다.

이 광고 보시고 어떤 느낌이 드세요?

AI 얘기라 이질감이 느껴지기도 하지만 '어느샌가 우리 곁에 가까이 와 있구나'란 생각도 드시지 않나요?

AI란 인공지능을 말합니다. 인공지능이 뭐냐구요?

쉽게 말해 인간의 지능을 모방해서 임무를 수행하고 수집한 정보를 토대도 자체 성능을 반복적으로 개선할 수 있는 시스템입니다.

공상영화에 많이 나오는 내용입니다.

기계들이 자동 진화하는 것!

처음 인공지능이 나왔을 때 사람들은 욕을 많이 가르쳤습니다. 그래서 인공지능이 그게 무엇인지도 모르고 같이 욕을 하는 것을 보았습니다. 말을 거는 사람들끼리 인공지능에게 나쁜 말은 가르치지 말자고 했던 것이 기억납니다.

요즘은 인공지능도 많이 발전해서 대화상대가 욕을 하면 나쁜 말하지 말라고 사람을 타이르기도 한답니다.

저의 시리는 욕을 하면 "답변하지 않겠습니다"라고 말도 아닌 문자로 답을 한답니다.

저희 집은 지니와 시리가 있습니다.

어느 날 거실에서 우리 부부가 얘기를 하고 있는데 갑자기 지니가 뭐라고 합니다. "아, 그렇군요. 제가 잘 못 알아들었습니다. 다시 말씀해 주시겠어요?"라고 말하니 옆에 쉬고 있던 시리도 지지 않겠다는 듯 답을 합니다.

"전 그렇게 생각하지 않습니다. 어쩌구저쩌구…."

순간 우리 부부는 웃음바다가 되었습니다.

"아! 재미없는 우리 둘을 너희들이 웃기는구나!"

잠깐이긴 했지만 항상 적막감만이 감도는 우리 집이 어린아이들이 있는 집같이 시끌벅적했었답니다.

AI의 진화

우리 주변에는 버튼(스마트폰) 하나면 자동으로 움직이는 것들이 많이 있습니다. 우선 집 안을 살펴보겠습니다. TV, 냉장고, 인덕션, 세탁기, 센서 전등, 자동커튼, 커피머신, 오븐, 렌지, 믹서, 에어컨, 리모컨, 홈CCTV, 컴퓨터, 노트북, 스마트폰, 주차시스템, 도어락, 웨어러블 기기 등등 빠르게 떠오르는 것들만 나열해 보았습니다.

그럼 밖으로 나가 볼까요? CCTV, 자동신호시스템, 자동차, 비행기, 오토바이, 은행순번기, 페스트푸드점과 병원 키오스크, 주차시설, 각종 운임시스템, 서빙로봇, 공장 자동화라인, 은행 ATM 등등 우리 주변에는 이렇게나 많은 기기들이 있습니다. 자주 사용하는 것도 있고 그렇지 않은 것들도 있습니다.

이 많은 기기들은 이미 만들어진 프로그램에 의해 작동을 합니다. 우리는 작동법만 익히면 쉽게 기기들을 사용할 수 있게 됩니다. 무엇이든 처음 사용할 때는 막막하고 기억해야 할 것들이 많지만 사용하다 보면 익숙해져서 편안함을 느끼게 되고, 자연스럽게, 자신 있게 사용하게 됩니다.

알고리즘과 코딩

라면 끓이는 순서를 말해 볼까요?

중요한 팁은 동작 하나하나를 생각하시고 말씀하셔야 합니다.

    ① 먼저 냄비를 준비합니다.

여러분 중 물이 끓으면 라면을 넣는다고 먼저 말씀하신 분 계시나요?

라면 넣기 전에 먼저 해야 할 것들을 있습니다.

    ② 수전을 열어

    ③ 냄비에 550ml 물을 받고

    ④ 렌지에 올리고

    ⑤ 불을 켠 후

    ⑥ 물이 끓기 기다립니다.

    ⑦ 물이 끓기 시작하면 라면 봉투를 뜯어 스프를 넣고

    ⑧ 라면을 넣고(이 순서도 여러 방법으로 달리할 수 있습니다.

       라면 넣고 스프 넣고, 아니면 둘 다 넣고 등등)

    ⑨ 4분 더 끓입니다.

    ⑩ 대접을 준비해서 그 대접에 담습니다.

    ⑪ 기호에 따라 계란도 넣고 파도 넣습니다.

여기까지 생각하셨나요?

한 번 더 생각해 볼까요? 이번엔 양치질을 생각해 봅시다. 라면 끓이는 방법처럼 하나하나 생각하면 됩니다.

① 먼저 욕실 문을 열고 들어가
② 슬리퍼를 신습니다. (집마다 다르겠지만 일반적 상황을 생각해 봅니다.)
③ 거울 앞에 서서
④ 칫솔과
⑤ 치약 들고
⑥ 치약 뚜껑을 엽니다. ('치약 뚜껑을 열어야 한다'를 빼신 분 많습니다)
⑦ 치약을 칫솔에 손가락 한 마디 정도만 짭니다.
⑧ 치약을 내려놓고 이를 닦기 시작합니다.
⑨ 앞니 두 번, 오른쪽 어금니 두 번, 왼쪽 어금니 두 번 입천장 두 번, 혀 두 번, 칫솔을 위아래 세로 방향으로 세 번씩 번갈아 가면서 닦습니다.
⑩ 수전을 열어
⑪ 준비된 컵에 물을 가득 받은 다음
⑫ 칫솔질을 멈추고

⑬ 입에 거품을 세면대에 뱉어 낸 후

⑭ 물을 머금고

⑮ 다시 입안을 헹굽니다.

⑯ 그리고 그 헹굼물을 세면대에 버립니다.

⑰ 그 동작을 다섯 번 반복합니다.

⑱ 칫솔을 물에 헹군 후

⑲ 제자리에 다시 걸어 놓습니다.

⑳ 컵도 제자리에 둡니다.

㉑ 입을 수건으로 닦고

㉒ 슬리퍼를 벗고

㉓ 거실로 나와 욕실 문을 닫습니다.

이렇게 양치질이 끝납니다. 너무 자세한가요?

이 모든 일련의 과정들을 알고리즘이라고 합니다.

컴퓨터는, 기기들은 이렇게 자세하게 설명을 해 줘야 알아듣습니다. 자연어 즉, 우리가 사용하는 언어로 물으면 컴퓨터는 우리 눈에 보이지 않는, 미리 코딩해 놓은 알고리즘의 영향으로 동작하게 되고 우리가 듣기 쉽고, 보기 쉽게 원하는 결과 값을 보여 주게 됩니다.

알고리즘이란 어떤 문제를 해결하기 위한 절차 방법 명령어들의 집합입니다. 코딩은 그 알고리즘을 기반으로 컴퓨터가 동작을 하는 명령어들을 만드는 것입니다. 코딩에는 순차, 선택, 반복 등 여러 구조로 이루어져 있습니다.

컴퓨터 자판으로 A라고 입력한다고 해도 컴퓨터는 A라고 알아듣지 못합니다. 번역 프로그램이 '0'과 '1'로 이루어진 기계어로 번역해 주어야 컴퓨터는 알아듣습니다.

A 입력(약속된 프로그램 언어. 고급언어) → 컴파일러(번역) →

기계어(00001) → A 출력

이 알고리즘 프로그램에 의해 모든 기기들은 말을 알아듣게 되는 것입니다.

코딩과 통신

하드웨어와 소프트웨어의 발달은 다양한 정보나 소식을 주고받기 위해서 많이 이용됩니다. 현대와 같이 컴퓨터로 통신을 하기까지의 발달 과정을 살펴보겠습니다.

예전에는 평상시에 서찰, 파발(기발)을 보내고, 방을 붙였습니다. 위급 시에는 신호연을 보냈습니다. 연의 무늬로 암호를 정하여 적이 알지 못하게 신호를 보낸 것입니다. 그리고 봉수를 사용했습니다. 밤에는 횃

불(烽, 봉화 봉)로, 낮에는 연기(燧, 부싯돌 수, 봉연)를 피워 알렸습니다. 북을 쳐서 많은 사람들이 들을 수 있게 하였습니다. 그리고 평소에 새를 훈련시켜 위급 시 사람이 전달하는 것보다 더 빠르게 소식을 전달했습니다.

기획재정부에서 올린 '조선 시대 통신 봉수와 파발' 내용을 보면 잘 나와 있습니다.

지금은 컴퓨터(데스크탑)와 노트북(랩탑), 웨어러블, 태블릿, 스마트폰으로 정보를 실시간으로 빠르게 전달하고, 한번에 많은 양의 정보를 주고받을 수 있고, 여러 사람과 동시에 연락할 수도 있습니다. 그리고 하나의 기계로 여러 통신 수단(멀티태스킹)을 이용할 수 있도록 발전하였습니다.

이러한 통신 수단을 사용할 수 있는 프로그래밍, 즉 코딩은 언제부터 시작되었을까요?

1801년에 직물에 자동으로 무늬를 짜 넣는 기계인 문직기를 만들었습니다. 배틀에 수백 장의 카드에 구멍이 있어 특정 핀들만 통과시킬 수 있는 프로그램이었던 것입니다.

1842년~1843년 찰스 배비지가 최신 기계 해석기관을 제안하였습니다. 구멍을 뚫은 카드의 형태인데 구멍이 있으면 핀이 들어가고, 구멍이 없으면 뒤로 밀려나면서 일련의 기계적 계산을 하는 것이었는데 각기 다른 구멍이 뚫린 이 카드들을 '소프트웨어'라고 불렀습니다.

1890년 허먼 홀러리스는 천공카드로 인구조사 자료를 부호화해서 기존보다 인구조사를 빨리 끝낼 수 있었습니다.

1943년 에니악 코딩 시스템은 전자식 숫자 적분 및 계산기로 폭 1미터, 높이 2.5미터, 길이 25미터, 중량 약 30여 톤이나 되었고 포탄과 탄도학 계산을 위해 개발된 군용 목적 컴퓨터였습니다.

1948년에 어려운 개발을 좀 더 쉽게 하기 위해 어셈블리어가 등장했습니다. 이진수 기계 프로그램만 실행할 수 있었습니다. 프로그램 하는 데는 오랜 시간이 걸립니다. 몇 년 후 포트란(1954, 과학용)과 코볼(1959년대 후반, 비즈니스 프로그램 개발 목적)이 나왔습니다.

1970년대에는 파스칼과 C언어가 개발되었습니다. 상용 애플리케이션에서는 별로 사용되지 않았으나 대학에서 인기를 끌었습니다. 이후 C++, C#, 자바, 비주얼베이직, 그루비, 파이썬, 루비, 스칼라, 기타 신생 언어 등으로 발전해 왔습니다.

용어도 생소하고 단어도 어렵고… 예전엔 이 어려운 언어들로 코딩을 했다 합니다.

전문적으로 배우지 않으면 일반인들은 거의 사용할 일이 없습니다. 요즘은 이전 언어들보다는 그나마 쉽다는 파이썬이라는 프로그램을 초등학교 고학년부터 배우기 시작합니다. 블록코딩에서 Text코딩으로 넘어가기 시작한 것입니다. 블록코딩은 코드가 한정되어 있어 전문적이거나 자연스럽게 코딩하는 데는 한계가 있습니다. 하지만 파이썬은 현재 교육이나 실무 모든 프로그램에 적용되고 있습니다.

4차 산업혁명 시대의 유망직업

과학기술정보통신부에서 올린 글 '4차 산업혁명, BEST 10 직업군 알아보기'를 살펴보겠습니다.

① 사물인터넷 전문가 : 사물에 센서를 부착해 사물끼리 인터넷을 통해 실시간으로 데이터를 주고받는 환경이나 기술을 개발하는 직업
ex) 냉장고 안에 음식재료가 무엇이 있는지, 조리 가능한 음식 레시피를 제공

② 인공지능 전문가 : 컴퓨터나 로봇 등이 사람과 같은 생각을 하고 행동할 수 있도록 인공지능 알고리즘을 개발하거나 구현 프로그램 기술을 개발
ex) 앞서 소개한 '다솜이'와 같은 기기에게 많은 데이터를 입력시켜 학습시킨 뒤 사용자의 의도와 상황에 맞는 서비스와 대응 제공

③ 빅데이터 전문가 : 수많은 데이터 속에서 트렌드를 읽어 내부가가치가 높은 결과물 도출
ex) 소비자의 미래 행동이나 심리 예측해 매출 증가, 학습한 인공지능 활용해 사람 업무 담당

④ 가상(증강, 혼합)현실 전문가 : 우리가 직접 경험하거나 체험

해 보지 않은 일들을 실제 체험한 것처럼 느낄 수 있게 컴퓨터로 가상의 공간을 만들고 사용자가 원하는 가상세계가 무엇인지 파악하여 시스템을 분석하여 개발

ex) 실제와 다름없는 갤러리나 축구장, 유적지 등을 컴퓨터가 만든 가상세계에서 경험이 가능하도록 도와주는 기술

⑤ 3D프린터 전문가 : 3D프린터를 사용하는 3D디자인을 설계, 모델링하고 프린터 출력 및 후처리. 완성제품 유통 교육, 홍보, 운영

ex) 일상용품, 개인 맞춤형 제품, 기계부품 등의 모델링, 항공우주 방위산업 로봇 자동차 등 다양한 분야에서 이용

⑥ 드론 전문가 : 여러 가지 형태의 드론에 대해 지식과 조종기술을 갖춤. 무인항공기 조종, 정비, 설계 제어 운영 기술력 습득

ex) 조종파트 - 촬영, 농약살포, 드론 레이싱, 택배 운송 등, 제작파트 - 드론 프로그래밍, 직접제작

⑦ 생명과학 연구원 : 우리 주변의 생명체나 생명체가 가지고 있는 현상을 이해, 연구. 그 연구를 통해 새로운 물질 생산, 조작하는 일

ex) 신소재 개발, 신약 개발, 유전자칩 개발 등

⑧ 정보보안 전문가 : 컴퓨터 시스템으로부터 불법적으로 접근하거나 정보를 탈취, 변조, 파괴하는 등의 공격 행위를 할 때 이를 방어하거나 예방하며 시스템을 새롭게 구축

ex) 해커의 침입에 대비한 보안 정책 수립, 방화벽 구축, 크래킹 당했을 시 신속 복구하고 새로운 보안 체계 구축

⑨ 소프트웨어 개발자 : 소프트웨어 설계와 코딩, 소프트웨어 제품을 개발하기 위해 전체적인 프로젝트 관리 업무 수행

ex) 응용소프트웨어 개발자, 컴퓨터보안 전문가, 네트워크시스템 개발자 등

⑩ 로봇 공학자 : 로봇을 설계, 제조하고 응용 분야를 연구

4차 산업 일자리들은 기존의 산업의 직업들보다 전문성을 필요로 하는 직업이 생겨난 것이기 때문에 4차 산업혁명에서 없어서는 안 될 중요한 직업들이라고 할 수 있습니다.

이 직종들은 거의 코딩, 즉 프로그래밍을 사용하고 있습니다. 이처럼 코딩은 모든 산업 전반에 걸쳐 매우 중요한 역할을 하고 있습니다.

지금까지 모든 기기에 프로그램이 되어 있고 앞으로의 직업도 프로그래밍이 매우 중요하다는 것을 알았습니다.

초등학교 중학교는 2025년부터 코딩이 필수과목이 됩니다. 코딩이 컴퓨터가 이해할 수 있도록 프로그램을 만드는 과정이라면 블록코딩은 레고 블록을 조립하듯이 블록 모양으로 생긴 코드를 서로 연결하여 더 쉽고 재미있게 코딩을 배울 수 있도록 만들어진 프로그램입니다. 남녀노소 누구나 코딩을 쉽게 따라하며 배울 수 있습니다. 대표적인 블록

코딩은 엔트리와 스크래치, 엠블록 등이 있고. 로봇, 드론과도 연결해 사용하기도 합니다.

엔트리는 국내 네이버 사에서 만든 프로그램이고, 스크래치는 미국 MIT공대에서, 엠블록은 중국에서 만든 프로그램입니다.

다양한 코드블록을 조합하여 프로그래밍을 해 보고 그 속에서 발견되는 오류코드를 스스로 분석하여 해결함으로써 '창의력'과 '사고력'을 향상시켜 줄 수 있다는 점이 핵심 point입니다.

4
지금 나는 어디에
머물고 있는 것일까?

민숙동

디지털 어디에서 나는 고인물(정체기)이 되었을까?

정체기는 사전적 의미로 '사물이 발전하거나 나아가지 못하고 한군데 머물러 그쳐 있는 시기'라고 우리는 알고 있고, 기억합니다. 지금부터 삶의 정체기를 보고, 그중 디지털 정체기에 대해 말해 보고자 합니다.

디지털 세상에서 나는 어디에 머물고 있는가? 또 나는 디지털로 인해 무엇이 달라졌는가? 또 세상은 어떻게 달라지고 있는가? 나는 달라지는 세상에 잘 적응하고 살고 있는가? 그냥 정체되어 머물러 있는 것은 아닌지에 대한 질문을 해 보게 됩니다. '고인 물은 썩는다'는 옛말이 어느 날 갑자기 머릿속을 스쳐 지나갔습니다. 고인물이 되지 않기 위해 나는 무엇을 해야 하는가를 생각해 보게 되면서 요즘 빠르게 급변하는 세상에서 위축이 되고 있는 것은 무엇이고, 위축되고 있다면 그런 기분이 들지 않기 위해 어떤 행동을 하였는가를 되돌아보게 되었습니다. 그것은 바로 디지털 사용이었습니다.

디지털 사용에 관하여 굳이 "나는 안 해도 돼! 굳이 필요하지 않아! 그거 없이도 잘만 사는걸, 뭐!"라고 하면서 최소한의 디지털 생명만 유지하고 살아가고 있었습니다. 그러다 보니 빠르게 급변하고 달라지는 세상에서 정체되어 살고 있는 것에 익숙해지고 있습니다. 함께 살아가야 하는 세상에서 나 스스로 고립을 만들고 있었습니다.

최근에 아이(참고로 아이는 22살의 성인)와 병원에 갔다가 점심을 사기 위해 햄버거 가게를 들어가서 주문을 하려고 키오스크 앞에 섰습니다. 젊은 세대라서 주문의 어려움을 겪을 것이라는 예상을 전혀 하지 않고 아이와 키오스크 앞에서 주문을 시도하였습니다. 그러나 나의 예상과는 전혀 다른 상황에 당황스러웠습니다. 그 아이도 이런 주문을 자주 해 보지 않았기 때문에 기계 앞에서 한참을 탐색할 시간이 필요하였습니다. 그 모습을 보면서 내가 나이를 들어서 정체기에 빠져 있고 후퇴하고 있는 것이 아니라 시도하지 않고 경험하지 않기 때문에 소위 말하는 디지털 정체기에 빠져 있다는 것을 깨달았습니다. 부끄럽다면 부끄러운 경험, 평범하다면 평범한 경험입니다. 누구는 부끄러워서 다시는 도전하지 않지만 누구는 도전합니다. 우리는 이렇게 다르게 살고 있는 것입니다. 나는 과연 어떤 선택과 태도로 살 것인가에 대한 질문을 던져 보게 됩니다. 어느새 신중년의 나이가 되어 좌절이 오면서 우울하기도 한 시기를 겪는 나이가 되었습니다.

이러한 경험을 통해 많은 것을 생각하게 되었습니다. 당황해하는 나와 당황하지 않고 천천히 해결해 나가는 아이의 차이를 볼 수 있는 시간이었습니다. 나는 모르면 부끄러워하고 그냥 안 하는 것으로 해결점을 보았다면 지금 세대들은 몰라도 다시 해 보고 그것이 부끄러워 할 일이 아니라고 생각합니다. 경험해 보지 못해서 모르는 것은 당연한 것으로 받아들이는 것입니다. 엄청난 세대 차이를 느꼈지만 배우는 시간이었습니다.

예전에 잘나가던 나는 없고 자꾸 뒤로 숨으려 하는 나만이 있는 것입니다. 그래도 괜찮습니다. 왜? 나는 나의 색깔로 살아갈 수 있기 때문입니다. 그러나 나만의 색으로 살아가기엔 사실상 사회 안에서, 가정 안에서 늘 디지털 빈곤함을 느낄 때가 종종 있습니다. 하고 싶은 것이 있는데 회원 가입을 해야 하는 경우, 어플을 깔아야만 할 수 있는 경우, 구글 신청서를 써야 하는 경우 등등 많은 것들이 이제는 기기를 사용할 줄 모르면 답답하고 주눅 들게 되고, 혼자만이 동떨어진 세상에서 살아가고 있다고 단정해 버립니다. 신중년의 나이라 함은 기성세대라 함은 나이를 어떻게 보아야 하는가라는 질문도 해 보게 됩니다. 나이가 중요한가? 지금의 내 위치가 중요한가? 나는 무엇이 제일 중요하지?

이런 고민을 하면서 도전하지 않고 시도하지 않는다면 한 발자국도 앞으로 나갈 수 없음을 다시 되새겨 봅니다. 모르는 것이 힘든 것이 아니라 안 하고 한곳에 그대로 멈추어서 움직이지 않고 정체되어 있는 것이 나를 힘들게 한다는 사실을 알게 되는 시간입니다.

하버드대학교에서 85년간 '인생 연구'를 하여 50대에 인간관계를 맺은 사람이 80대에도 건강한 사람으로 살아가고 있다는 연구결과를 발표하였습니다. 행복의 결정적인 요인은 부도 명예도, 학벌도 아니었고 행복하고 건강한 노년은 사람들과의 '질적인' 관계에 달려 있다며 "놀라운 것은 '의지할 만한 관계'가 행복뿐 아니라 신체적 건강까지 영향을 준다는 사실"이라고 설명했습니다. 그리고 "인생에서 오직 중요한 한 가지는 사람들과의 따뜻하고 의지할 수 있는 관계"라고 말했습니다. ('행복한 삶' 조건을 연구해 온 로버트 월딩어(72) 하버드대학교 의대 교수)

많은 것이 변하고 속도 또한 기성세대들이 따라가다 숨이 찰 정도입니다. 그래서 아무리 시대의 트렌드라고 해도 나에게 별로 필요하지 않다면서 발전하고 있는 IT 세계를 등한시하게 됩니다. 그렇게 우리는 멈춘 상태에서 최소의 기계와 최소의 소통을 하고 있습니다.

과거의 우리를 한번 뒤돌아볼까요? 지금의 기성세대라고 하면 삐삐 세대에서부터라고 말할 수 있습니다. 그 당시 우리는 앞서가는 세대이면서 그 당시의 기성세대들이 따라올 수 없는 세대이기도 했습니다. 그런데 지금 우리가 그런 정체기에 있는 것입니다. 이 글을 읽는 독자들은 지금 어디에서 정체하고 있는가를 살펴봐야 합니다. 내가 서 있는 이 자리가 정체되어 있는 것은 아닐까? 아니면 나 스스로 정체되었다고 생각하고 있는 것은 아닐까? 무엇이 나를 앞으로 전진하지 못하게 하였는가를 살펴보아야 할 시점이 된 것 같습니다. '어디부터 나는 머물러 있었던 것인가?', '디지털 정체기를 겪고 있는 세대들은 누구인가?' 하고요.

생활의 전반에서 많은 것들을 사용하고 삶의 불편함 없이 지낸다고 생각하지만 디지털 정보화 활용을 상당히 제한적으로 하고 있습니다. 하버드대학교에서 행복한 삶의 조건을 연구한 결과는 소통을 잘해야지만이 건강하고 행복한 삶을 살 수 있다는 것입니다. 그렇다면 우리는 지금 누구와 소통하고 관계하고 있는가를 살펴보아야 할 것입니다.

디지털 시대의 격차와 갈등

이전에는 없었던 디지털이라는 장르가 생기면서 발생하는 디지털 격차가 그냥 격차의 문제가 아니라 사회 활동, 경제적 격차로 번지면서 그 안에서의 갈등이 문제가 되고 있습니다.

각각의 개인으로 보았을 때는 디지털 시대가 되면서 느끼는 불편함, 괴리감, 어려움에서 느끼는 좌절감 같은 것이 나와 디지털 사이에서 간극에서 사생활 침해 인권침해 등으로 사적인 영역으로 갈등을 일으키기도 합니다. 또 N번방 사건 같은 그런 일은 개인적인 갈등이 되기도 하지만 공적이고 사회적인 갈등이 됩니다. 디지털 발달이 삶을 송두리째 흔들어 놓는 디지털 갈등을 불러일으키고 있는 것입니다.

디지털 격차의 문제는 동일 연령대에서도 편차가 많다는 것이 문제이기도 합니다. 기준을 어디에 두어야 하는지 또한 고민이 되는 부분입니다.

보이스피싱을 가장 많이 당하는 연령대가 신중년 세대라는 통계를 보고 놀라웠습니다. 그래도 디지털에 능숙한 세대라고 생각하였지만 세대 내의 격차가 생기면서 피해를 보는 격차도 커지고 심리적인 장벽이 굉장히 커지면서 갈등이 생기기도 합니다.

옛날에는 자녀 부양, 자녀의 부모 부양 등이 노화의 중요한 요인이었다면 지금은 디지털 리터러시가 노인의 성공적 노하우에 결정적 영향을 미치는 시대가 되고 있습니다. 즉 디지털 사용의 격차가 노화에 영향을 미치고, 사회·경제적 문제에도 영향을 미치고 있기 때문에 갈등이 깊어질 수 있다는 예상을 할 수 있습니다. 실제로 일상생활에서 인적 교류에서 소통하고 관계하는 문제에 직결되어 있기도 합니다.

디지털의 격차는 자의적이 아니어도 흐름 때문에 그렇게 가야 된다는 게 앞으로 예측되는 미래이기도 합니다. 요즘은 고객센터에 전화를 해도 사람이 받지 않고 바로 챗봇으로 넘어가는 곳이 대부분입니다. 소통은 점점 불편해지고 그 불편함을 어디에다 말을 해야 하는지조차 찾기 힘든 현재이면서 미래이기도 합니다.

4차 산업혁명 시대에서 50~60대의 신중년이 경력을 이어 가고 제2의 인생을 살기 위해서 이용해야 할 것은 디지털 플랫폼이라는 분석이 나오고 있습니다(한국고용정보원). 한국고용정보원에 따르면 온라인 플랫폼 서비스가 확대되고 고용의 형태에 많은 변화가 일어날 것이며 다양해질 것으로 예상된다고 밝히고 있습니다. 현재도 공유 플랫폼으로 전문 프리랜서들이 활동하고 있기는 하나 아직은 극소수의 사람만이 성공을 이루고 있습니다.

플랫폼 사업으로 세계 최대 전자상거래 사이트 아마존닷컴을 창업하고, 2021년 세계 제2의 부자로 떠오른 기업가 제프 베이조스가 지금 우리가 말하고 있는 디지털 플랫폼의 시작이었습니다. 아무도 성공하지 못할 것이라는 것을 시도해서 성공을 거두고 세계 2위의 부자가 되었습니다. 이미 우리 실생활에 디지털 플랫폼은 자리 잡고 있는 것입니다. 코로나19 이후 플랫폼 사업은 성공을 이루게 되었고 이제 익숙해진 소비자들은 오프라인 시장보다 온라인 시장을 더 선호하고 있습니다.

그러나 디지털 미디어를 이용한 정보 습득과 활용으로 디지털 격차는 사회 활동 기회와 경제적 격차로 확대되고 있습니다. 디지털 활용 능력의 차이는 스스로를 소외시키기도 하고 사회 활동 선택에 있어서도 갈등을 일으키기도 합니다. 컴퓨터와 인터넷이 보급되던 처음은 전문가의 영역일 뿐 일반인에게는 크게 영향을 미치지 않았습니다. 그러나 인터넷이 대중화가 되고 스마트폰이 일반화가 되면서 일상생활에 디지털은 기술적 편리함을 제공하기도 하지만 이해관계 대립과 사회적 갈등의 원인이 되기도 합니다.

이번 코로나19로 인해 사회적 거리두기, 비대면이 강제되면서 디지털 활용과 전환이 급속도로 더 빠르게 가속 페달을 밟게 하였습니다. 디지털의 사용은 이제 선택이 아닌 필수 영역으로 우리 삶에 들어올 수밖에 없는 상황이 되었습니다. 코로나19 상황에서 식당, 관공서, 병원, 보건소, 백화점, 가게 등 모든 공공장소를 들어가려면 QR코드로 체크인을 해야만이 가능했기 때문에 많은 사람들이 스마트기기를 강제적으로 사용할 수밖에 만들었습니다. 즉 강제적으로 디지털 격차를 한순간에 느끼게 만들었던 것이었습니다.

디지털의 전환이 빨랐던 사람들은 코로나19 사태에서도 일이나 생활에서 별다른 갈등이나 문제를 느끼지 못했겠지만 전환이 빠르지 않았던 사람들은 사회에서의 갈등과 스스로 해결이 안 되는 불편감이 주는 두려움과 불안 그리고 분노를 동반하는 갈등관계를 겪을 수밖에 없었습니다. 그 당시 식당이나 병원, 약국, 관공서 어디에서나 큰소리가 나는 것을 자주 목격하였습니다. 3년이 지나고 있는 이 시점에서는 보기가 드물어졌습니다. 시대의 변화에 맞게 우리는 적응하고 살기 위해 싫어도 해야 하는 많은 것을 하고 살고 있습니다.

디지털이 불편하고 싫고 굳이 안 해도 살 수 있다는 안일한 생각은 디지털 격차와 갈등을 더욱 깊게 만들고 있는 것입니다. 내가 무엇을 실행하고 스스로 할 때 우리는 성취감과 행복감이 동시에 느낄 수 있습니다. 실행하지 않고는 한 걸음을 딛지 않고는 절대 목적지에 도달할 수 없기 때문입니다.

디지털 시대의 불안

디지털 안에서 무엇을 하려면 꼭 회원 가입을 해야 하기 때문에 하다가 멈추는 일이 종종 발생합니다. '혹시나 내 개인 정보가 유출되면 어떡하지?'라는 걱정과 불안이 생기기 때문입니다.

영화 〈보이스〉를 보면서 개인 정보의 유출로 인한 피해는 돈이지만 결국은 생명이 된다는 것을 보게 됩니다. 개인정보의 유출로 인한 피해가 빈번한 요즘, 디지털 사용의 갈등이 생기기도 합니다.

디지털 갈등에서 가장 무시무시한 것은 개인의 사생활 침해 문제입니다. 개인사의 모든 것이 한순간에 개인정보 유출로 재산상의 피해,

신상의 노출로 인한 안전에 대한 침해, 특히나 범죄에 노출되는 경우가 기하급수적으로 증가하고 있는 실정입니다.

디지털에 의해 개인이 노출되었을 경우 가장 큰 문제는 국내에서만이 아니라 전 세계로 퍼져 나갈 수 있다는 것이 가장 큰 문제입니다.

그렇다고 아무것도 안 하고 살 수 있는 시대는 아닙니다. 특히나 신중년 세대는 어찌 보면 낀 세대로 말할 수 있습니다. 세대 간에도 낀 세대이지만 사회 변화에서도 낀 세대로 살아가고 있습니다. 4차 산업혁명에 속도를 따라가기는 숨이 차고 예전의 속도로 가자니 뒤처지고 있고, 그러다 보니 자신감은 떨어지고 소통은 점점 줄어드는 악순환을 겪고 있습니다. 세대 간의 갈등도 이 지점에서 일어나고 있습니다.

갈등하면 무엇이 생각날까요? 갈등은 상대가 있어야 하고 나와 의견이 맞지 않는 것을 말하기도 합니다. 그러나 여기에서의 갈등은 나와 나의 갈등입니다. 나 스스로 갈등을 겪고 있는 것입니다. 못 하는 나, 하기 싫은 나, 두려운 나. 그래서 불안하고 그래서 나와 타협하는 나를 우리는 종종 보게 됩니다. 나는 지금 무엇과 갈등을 하고 있는가를 이 시간에 생각해 보시기 바랍니다.

현대인의 삶에서 '디지털'이라는 용어를 빼놓을 수 없을 만큼 디지털 세상에서 살고 있습니다. 디지털 기술은 코로나19 이후로 엄청난 가속도를 내면서 성장하고 있습니다.

화상회의가 처음에는 편리함으로 다가왔으나 지금은 불안감과 함께 시간을 더욱더 쪼개어 쓰게 만들고 있습니다. 더군다나 편리함 속에 우리를 불안하게 하는 요소는 '과연 나의 정보는 안전한가'의 문제도 있습니다.

불안은 사람마다 다르게 옵니다. 그건 자기가 겪었던 현실이 모두 다르기 때문입니다. 불안을 느낄 때 몸으로 경험하게 됩니다. 조마조마하고, 두근거리고, 불쾌하고, 알 수 없는 연속적인 불편감이 우리를 도전하지 못하게 만듭니다. 불안의 문턱을 넘으면 사실 별것도 아니었다는 것을 종종 깨닫게 됩니다.

두려움이 나를 가로막고 불안이 전진하지 못하게 대응할 수 있는 힘이 우리에게 필요합니다. 아무리 신기술이 발달해도 인간을 이길 수 없다는 기본원칙을 잊지 않는다면 우리는 가속도가 붙은 디지털 사회에 적응하면서 함께 갈 수 있을 것입니다. 어차피 디지털은 인간이 만들었기 때문에 기기 사용과 소프트웨어 활용은 내가 필요한 만큼만 이용하면 되는 것입니다.

스스로 고립을 자처하는 소심한 저항을 디지털 일상에서 하고 있는 경우가 많이 보입니다. 예를 들자면 이런 경우가 있습니다. 남들이 다 하는 것을 따라 하지 못할 바에는 아예 안 할 거야. 왜? 난 필요 없으니깐! 그러다 보면 스스로 고립이 되고 타인들의 이야기를 듣지 않으려 하면서 계속 자신을 뒤로 뒷걸음을 치게 만들고 있는 것은 아닌지요? 아마도 많은 사람들이 이런 방법으로 점점 디지털 소통에서 멀어지고 있다고 생각이 듭니다. 무엇이 그토록 우리를 자꾸 고립되게 만드는지 이제는 알아차리고 알아야 합니다. 더 이상 두려움에 숨을 수는 없는 것입니다. 용기를 내어 한 발자국 디디는 오늘이어야 합니다. 잘나지 않아도 됩니다. 그냥 내가 필요한 것을 한 가지씩 실천해 나가면 되는 것이라 생각합니다.

디지털 에이징(digital aging)

디지털 에이징이라는 말은 2013년 6월, 서울에서 열린 제20차 세계 노년학·노인의학대회(The 20th IAGG World Congress of Gerontology and Geriatrics)의 주제였습니다. 전 세계 86개국 4천3백 명이 참석하여 3천5백 편의 논문을 발표하고 인류사회의 다양한 노인 문제에 관해 논의한 이 대회의 주제가 "디지털 에이징: 건강 노화와 활동적 노년을 위한 새로운 지평(Digital Ageing: A New Horizon for Healthy and Active Ageing)"이었습니다.

즉, 디지털 에이징이란 신체적, 정서적, 사회적 활동성을 증진하고, 노년기를 보다 독립적으로 활기차게 보낼 수 있도록 정보통신 기술(ICT)을 사용하며 삶의 질을 향상하고 건강하게 나이 드는 것을 말합니다.

현재 디지털 에이징의 정책 영역은 넓어지고 있습니다. 현재 한국정보화 진흥원의 자료(한국정보화진흥원, 2018 디지털 정보격차 실태조사, 2019)에 의하면 이렇습니다.

첫 번째 목표는 안전과 신체적 정신건강(Safe/Healthy Ageing)으로 노인 복지를 위한 ICT를 기반으로 스마트 노인복지 영역을 만들고 있습니다. 독거노인의 문제 취약계층의 노인들에게 디지털 기기와 서비스를 활용하여 안전하고 건강한 삶을 영위하도록 지원하는 분야로 기술 개발과 연구를 지속적으로 하고 있으며 빠르게 상업화가 되고 있습니다.

정부의 지원과 복지는 젊은 계층과 노인을 중심으로 이루어지고 있습니다. 디지털에서 소외되고 있는 신중년 세대이면서 같은 세대 안에서도 정보의 격차가 높은 세대이기도 합니다. 신중년의 우리 세대는 이런 사회 시스템을 익히고 가르쳐야 하는 위치에 있습니다. 어르신들을 만날 때, 아이들과의 대화 속에서 이제는 함께 같이 성장하여야 하는 디지털 에이징 세대가 된 것입니다. 그 이유는 지자체 서비스는 사실 많이 있으나 시스템을 잘 몰라서 이용을 못하는 경우를 빈번히 마주할 수 있습니다. 정보화 시대에 정보를 받지 못한다면 그것이야말로 고립되어 고독하게 산다고 볼 수밖에 없습니다.

두 번째 목표는 디지털 포용(Inclusive Ageing)으로 디지털 사회에서 소외되기 쉬운 고령층에게 균등하게 정보를 접근할 수 있게 해 주고 이용의 기회를 제공하여 정보 격차와 해소하는 분야입니다.

2018년 조사를 보면 55세 이상 장·노년층의 정보화 수준은 63.1퍼센트에 불과할 정도로 정보 격차가 심한 편이(한국정보화 진흥원, 2018 디지털 정보격차 실태조사)라는 조사 결과가 나와 있습니다.

이런 정보 격차는 실생활에서 있어서 기회의 상실과 사회적 배제로 이어지기도 하기 때문에 심각한 문제가 대두되고 있습니다. 이러한 격차를 줄이기 위해 공공영역에서도 기기를 주는 것뿐만 아니라 서비스를 이용할 수 있는 이용법을 알려 주고자 하여 디지털 사회에서 지원하는 분야가 디지털 에이징 정책의 영역 중 하나입니다.

세 번째 목표는 생산적 노화(Productive Ageing)로 정보화 기술을 통해 봉사활동의 사회 참여와 정보화 기술을 기반으로 취업, 창업 등 일자리 창출을 지원하는 영역입니다. 디지털 기기 상용법을 배울 수 있는 기회와 배운 것을 사용할 수 있는 기회를 주고자 하는 것입니다. 그럼으로써 사회의 참여 기회와 동시에 생산자로 전환할 수 있는 분야인 것입니다. 베이비부머 세대인 신중년&신노인(현재 노인이라 연령기에 있지만 노인이라 부르기 애매한, 노인기가 막 시작된 분들을 일컫는 언어로 사용해 보고자 합니다)의 욕구와 수요가 있을 것이라 예상됩니다. 그러기 위해선 다양한 분야에서 개발과 지원이 필요로 합니다.

이러한 시스템을 활성화하기 위해 어떻게 해야 하는가에 대한 고민을 해 보게 됩니다. 보편화의 문제, 편리성의 문제, 연령의 문제 등 사실 활성화 방안을 보면 해결해야 할 문제들이 많이 있습니다.

첫 번째 보편화의 문제부터 보자면, 일상생활의 영역에서 어디까지 반영할 것인가? 생활, 건강, 경제, 사회참여 등 많은 영역에서 디지털 에이징의 관점이 스며들게 하기 위해 계획을 잘 세우고 폭넓은 연구가 이루어지면서 활성화가 되어야 할 것이라고 전망 해 봅니다.

두 번째, 편리성의 문제는 복잡하고 배우기 어려운 문제입니다. 기기를 사용은 하나 단순한 것 이외에는 교육의 시간이 필요합니다. 특히나 의료 분야나 응급안전 도우미 같은 경우는 교육이 급함에도 불구하고 이미 구축된 시스템을 사용되지 못하는 경우가 많이 있습니다. 따라서 시간을 두고 배우는 기술보다는 간단하게 사용할 수 있는 기술이나 서비스 체계 자체를 개선해야 하는 필요성이 대두되고 있습니다.

　세 번째, 연령의 문제는 젊은 세대와의 정보 격차로 인한 소통의 단절도 있지만 영상통화나 전화 메시지로 전달하는 사진 등은 멀리 떨어져 사는 자녀들과의 소통을 원활하게 해 주기도 합니다. 그러나 이런 소통 과정에서 생기는 갈등이 문제로 대두되고 있습니다. 이러한 소통의 문제 또한 교육을 통해 디지털 경계를 알아야 하며, 소통의 경계를 해결할 수 있습니다. 세대 간의 디지털 갈등을 해결할 수 있는 방법이기도 한 것을 알아야 합니다. 세대 통합은 이런 방법으로도 이루어질 수 있는 것입니다.

　"너희 젊음이 너희 노력으로 얻은 상이 아니듯, 내 늙음도 내 잘못으로 받은 벌이 아니다"(Theodore Roethe(1908~1963), 시인)를 바꾸어 "젊은이의 디지털 사용의 자유로움은 노력으로 얻은 것이 아니다. 나이 든 세대가 못하는 것은 노력하지 않아서가 아니다."라고 요즘 디지털 세상의 격차를 말하고 싶습니다.

　'요즘 예전 같지 않아. 눈도 잘 안 보이고.' 이렇듯 나이 들면서 체력도 안 되고 최신 정보에 뒤처지는 느낌도 받을 때면 두려움과 불안이 동시에 옵니다. 누구나 늙어 갑니다. 이 늙어 간다는 것은 디지털 세상에서 점점 쇠퇴하고 있음을 말하고자 합니다.

선택에 따라 젊음과 늙어 감의 길을 갈 수 있음을 먼저 말해 주고 싶습니다. 나는 무엇을 어떻게 선택할 것인가? 두렵다고 멈추고 불안하니 시도도 하지 않고, 이러한 수많은 상황에서 그냥 타협하고 살아가는 경우가 너무도 많은 것입니다.

선택에는 용기가 필요합니다. 아기가 걸음마를 시작할 때 아주 큰 용기가 필요합니다. 그 용기를 내기까지는 수많은 시도와 노력이 있었고 아기를 응원하고 지지해 주는 보호자가 있습니다. 한 걸음 내딛는 것은 어렵지만 한 발걸음이 두 발걸음이 되고 두 발걸음이 네 발걸음이 되어 결국은 자유롭게 걷게 되는 것입니다.

선택할 수밖에 없는 디지털 사회

디지털 산업이 발달하면서 사회 안에 원치 않아도 그 안에 꾸겨 넣어 놓고 있는 사회가 만들어지고 있습니다. SNS를 하고 안하고는 나의 선택의 문제도 되고 하다가 귀찮아서 누군가는 나의 일상을 공개하고 싶지 않아서 누군가는 나의 일상을 나누고 싶기 때문에 활동을 선택하기도 선택을 안 하기도 합니다. 다양한 커뮤니티를 이용해 관계를 유지하고 이어 가는 사람들도 있는가 하면 전혀 소통하지 않는 사람도 있습니다. 삶에 있어서 크게 문제가 되지 않기 때문에 선택의 문제로 말할 수 있습니다.

그러나 요즘 사회는 나의 선택과 관계없이 디지털 산업사회에서 살아야 하는 무례함을 겪기도 합니다. 기계 앞에 서면 나도 모르게 좌절을 느끼고 우울함을 느끼는 순간들의 빈도가 점점 많아짐을 경험하게 됩니다. 가끔 지하철을 탈 때 이 사회 안에서 소외된 삶을 살고 있다는 생각도 하게 되는 경우를 겪게 됩니다. 시대가 변하는 것을 당연시 하면서 나 스스로 그 변화에 적응을 잘하지 못하고 있음을 알게 될 때 나이의 슬픔으로 치부해 버리곤 합니다.

선택과 평등, 현재 사회의 요구는 선택의 여지가 없게 만들고 있습니다. 좋든 싫든 간에 사회가 요구하는 기준점에 들어가야 선택을 할 수 있는 평등의 개념이 성립되는 것입니다. 당장 키오스크를 사용하지 못하면 햄버거를 주문할 수가 없고, 어플을 사용할 수 없으면 각종 신청을 하기가 어려운 사회로 변하고 있습니다. 원하지 않아도 지금은 디지털 사용을 할 수밖에 없습니다.

실제적인 격차를 좁히기 위해서는 디지털 케어를 통해 필요한 것을 배우고, 상처받은 마음도 치유할 수 있는 시간이 필요합니다. 사회가 배려 없는 폭력이 난무하고 있다고 분노를 하는 사람도 있고, 다른 표현으로 사회가 참 무례하다고 말하는 분도 만날 수 있습니다. 여러분은 어떻게 생각하십니까?

20년, 30년을 걸쳐서 서서히 변화가 오면 적응해 나가는 데 아무런 문제가 되지 않을 텐데 코로나19 때문에 짧게는 5년, 길게는 7년이 앞당겨지면서 그 앞당겨진 것에 대한 설명도 없이 너무 밀어붙여서 싹 바뀌어 버리고 무인으로 다 해 버리는 무례함이 우리 사회에 만연해 있습니다.

디지털에서 일어나는 여러 가지, 디지털로 인한 폐해, 그로 인한 마음의 상처들을 디지털 케어로 해결할 수 있습니다. 교육을 통해서 스스로 치유하고 소외되지 않을 수 있는 가능성을 열어 갈 수 있다고 생각합니다.

얼마 전 주요 은행들이 희망퇴직 신청을 받고 있다는 보도를 보았습니다. 그 이유는 디지털 전환에 따라 점포를 폐쇄하고 몸집을 줄여야 하기 때문입니다. 그럼으로써 은행을 이용하던 많은 어른들은 어려움을 겪어야 하는 상황을 맞닥뜨리게 되고 있습니다. 살면서 배워야 할 필요성이 없다고 선택하지 않고 살았던 우리는 이제 선택이 아닌 살기 위해 다시 배워야 하고 적응해야 하는 합니다.

디지털 케어의 시대를 살아야 한다

돼지털과 디지털의 차이를 혹시 아십니까? 2001년 LG 휴대폰 광고를 기억하시는 분이 계실까요? 그 광고 속에서 어르신이 디지털이란 말을 알아듣지 못하고 "돼지털?"이라고 하는 장면이 나오는 것을 보면서 20년 전 나는 디지털 기기를 사용하는데 아무렇지도 않게 적응하고 사용할 수 있었다는 것을 기억하게 되었습니다. 그러나 지금은 기계가 새로우면 일단 겁이 나고 새로운 기능을 사용하지 않으려고 합니다.

125만 명의 구독자를 보유한 박막례 할머니의 '박막례 할머니'를 아시나요? 절대 유튜브 광고는 아닙니다. 갑자기 이분의 유튜브를 말하는 이유를 눈치를 채신 분도 계실 듯합니다. 이분의 일상도 있지만 500개가 넘는 동영상에는 경험기, 도전기 등 세상을 극복해 내는 영상들이 있습니다. 최근에 본 영상 중에 가슴이 조금은 아프고 안쓰럽기도 하고 현재 우리 어른들의 모습이 보여서 더욱 공감이 갔던 것이 있습니다. 일명 햄버거 주문하기입니다. 손녀딸에게 짜증도 내고 화도 내시는 모습이 마냥 귀엽기만 하였지만 그 안에 두려움과 걱정이 함께 보이기도 했습니다. 비단 이분만의 이야기가 아니라는 생각에 더욱 그렇게 보였던 것입니다.

그러나 박막례 할머니가 사회의 무례함을 토로하고 '우리에게 맞지 않는 사회가 왔어. 정말이지 짜증나고 자존심 상하고 화나고 그래'라고 하시면서 그래도 해 봐야지 하시는 장면을 볼 수 있습니다. 자존심이 상하고 무례한 사회에 화도 나지만 결국은 극복해야 하는 삶이라는 것을 보여 주고 있습니다.

케어라는 말은 우리의 귀에 아주 익숙한 단어일 것입니다. 또한 디지털 케어 하면 디지털 헬스 케어와 혼동을 하시는 분들이 있습니다. 헬스 케어와는 완전히 다른 부분이면서 같은 부분이 있습니다. 디지털 케어를 통해 스트레스를 줄이고 디지털 케어를 배우고 누군가에게 알려 줌으로서 삶의 보람도 같이 가져갈 수 있기 때문입니다.

이미 디지털의 공간을 이용할 수 있는 교육은 전국적으로 실시를 하고 교육 결과 데이터까지 나와 있습니다. 그러나 무인점포로 전환하는 은행들이 점점 많아지면서 유인점포를 없애지 말아 달라고 어르신들이 길거리로 나오셔서 시위를 하시는 모습이 뉴스에서 보도되고 있습니다. '노인을 위한 나라는 없다'고 말입니다. 그러나 무인점포가 비단 노인들만 불편할까요? 그렇지 않다는 것입니다. 신중년 세대 또한 무인점포에서 무언가를 한다는 것은 상당히 어렵습니다. 물론 아닌 사람도 있을 것입니다. 그러나 상당수의 중년 세대들은 어려움을 겪어야 하고 또 그것을 극복해야 합니다. 불편함은 극복하면 됩니다. 기기 사용 설명서 숙지를 잘하면 되니까요. 그러나 그런 시간을 겪는 동안 좌절감과 스트레스와 분노감 우울함을 어떻게 해야 할 것이냐는 문제는 남게 되는 것입니다. 디지털 케어는 이런 부분에서 용기를 갖게 할 수 있으며 다친 상처를 치유하고 아물게 하는 역할을 할 것입니다.

경험에 의해 효능감을 높이고 고립에서 탈출할 수 있게끔 하고 일상생활에서 나도 사용할 수 있다는 자신감을 얻게 했을 때 우울에서도 탈출하고 긍정의 선배 시민으로 함께 살 수 있게 만드는 디지털 케어의 역할이라 말할 수 있습니다.

디지털 안에서의 상처는 소리 없는 상처라고도 하고, 연기 없는 소문에 시달리는 분들이 생각보다 많은 고통 속에 살아가고 있습니다. 개인정보 누출, 협박 등 지울 수 없는 상처 때문에 온라인을 전혀 사용하지 않는 분들도 계십니다. 이렇게 이런저런 사유로 디지털 기기를 사용하지 않는 분들이 긍정적인 디지털 사고와 현명한 선택을 통해 시대에 소외되지 않는 삶을 살 수 있도록 서로 선한 영향력을 주고받는 관계를 만들어 주고 주체성을 가지고 정신적으로 피폐해지지 않게 디지털 근육을 길러 주어야 하는 디지털 케어 시대가 열리고 있습니다.

5

디지털 전환, 주사위는 던져졌다. 당신의 선택은?

조희정

핸드폰 뭐 사용하세요?

2002년 컬러폰이 나왔고 2007년 아이폰이 출시되었습니다. 스마트폰의 시대가 갤럭시S를 기점으로 2010년에 본격적으로 시작되었습니다. 우리나라에 도입된 첫 휴대폰의 무게는 771g이었는데, 소형 컴퓨터에 견줄 정도로 똑똑해진 갤럭시S9 무게는 163g입니다. 음성 서비스 제공에 그쳤던 초기의 휴대폰은 1996년을 지나면서 데이터 서비스를 제공하기 시작했고, 2011년 4G LTE 시대에 접어들면서 전송속도가 유선 인터넷 속도와 유사한 75Mbps~1Gbps에 이를 정도로 빨라졌습니다.

갑자기 핸드폰 이야기는 왜 하냐고요?

이제는 스마트폰은 단순히 전화를 걸고 받는 기능을 넘어서 문자, 사진, 음악, 헬스, 영화관이자 은행 등 다양한 기능들로 성장했습니다. 정말 움직이는 디지털이라고 해도 과언이 아닙니다. 여기서 10여 년 만에 우리의 일상생활에 스마트폰이 얼마만큼 들어와 있는지 알 수 있습니다.

이 책을 읽고 계시는 여러분 지금 핸드폰 어떤 기종을 사용하시나요? 제가 강의하면서 여쭤어 보았습니다. 김해에서 2020년에 2G폰을 사용하시는 한 분 뵈었고 거의 20% 이상이 최신형의 스마트폰을 사용하고 있었습니다. 그 말은 모두 카메라와 이동식 컴퓨터 한 대씩 가지고 다닌다는 것입니다. 불과 10여 년 만에 이루어진 것입니다.

스마트폰은 디지털 사용의 대표적인 예라고도 볼 수 있습니다.

지금은 거의 95% 이상이 스마트폰을 사용합니다.

앞으로의 10년 뒤에는 또 어떤 세상이 될까요? 우리나라만 급변하는 것일까요? 원하든 원치 않든 우리는 디지털 세상에 존재하고 있으며 물들어 가고 있다는 것입니다. 이렇게 디지털 시대가 빨리 도래하고 있다는 얘기를 드리려고 합니다.

디지털, 플랫폼으로의 연결

현재의 디지털 세상에서 살아가면서는 플랫폼을 빼놓을 수가 없어요. 왜냐하면 디지털이 활성화된 게 플랫폼이기 때문입니다. 플랫폼은 거의 IT 기반으로 이루어지기 때문에 디지털 플랫폼에 대하여 이야기하려고 합니다.

먼저, 단어적인 의미로 플랫폼(platform)은 'plat(구획된 땅)'과 'form(형태)'의 합성어로 '구획된 땅의 형태'를 의미하는데, '용도에 따라 다양한 형태로 활용될 수 있는 공간'을 상징적으로 표현한다고 할 수 있습니다.

일단 플랫폼이라고 하면 제일 먼저 기차역을 상상하게 됩니다. 사전적인 플랫폼의 의미로는 기차를 승차하는 공간, 강사, 음악 지휘자 선수들이 사용하는 무대 강단을 플랫폼이라고 얘기했어요. 어떻게 보면 그게 교육적인 것도 해당이 많이 되는데요. 여기서 조금 더 승강장에 대한 역할을 되새겨 보면, 승강장은 교통수단과 승객이 만나는 공간을 의미합니다. 이 공간은 단순히 교통수단과 승객의 만남의 공간뿐만 아니라, 사람이 많이 몰리는 공간으로 다양한 형태의 비즈니스가 이루어지는 공간입니다. 예를 들어 광고라든지, 잡화점 등이 이곳에서 비즈니스를 하고 있는 것을 볼 수 있습니다.

그래서 승강장은 교통수단과 승객이 만날 수 있는 거점 역할을 하며, 교통과 물류의 중심이 되고, 거래가 발생하게 됩니다. 이러한 공간을 플랫폼이라고 합니다.

즉 플랫폼이란 공급자와 수요자 등 복수 그룹이 참여해 각 그룹이 얻고자 하는 가치를 공정한 거래를 통해 교환할 수 있도록 구축된 환경으로 정의될 수 있으며, 플랫폼 참여자들의 연결과 상호작용을 통해 모두에게 새로운 가치와 혜택을 제공해 줄 수 있는 상생의 생태계라고 말할 수 있습니다. 이렇게 실제로 플랫폼의 공간과 역할은 계속 바뀌어 간다라는 것을 알 수 있습니다.

그래서 미래 산업에서 플랫폼은 생산자와 소비자를 직접 연결할 온라인 공간을 생각하지 않을 수가 없다, 아니 꼭 생각할 수밖에 없다는 것입니다. 온라인 공간을 사용하고 사람들이 온라인을 통하여 상생하는 플랫폼은 현재의 디지털에서 연결 지어 생각할 수밖에 없다는 것입니다.

앞에서 정의한 플랫폼은 개념적인 부분으로 실제 플랫폼이 사용되는 사례는 다양합니다. 즉 플랫폼을 구성하는 대상, 기능, 역할, 형태 등에 따라 다양한 종류가 존재하며 그중 일부에 대해 다음과 같이 구분해 보려고 합니다.

여러분들은 컴퓨터가 언제 나왔는지 혹시 기억하세요?

우리나라에 개인용 컴퓨터가 도입된 시기는 1977년, 애플 PC가 들어오면서부터라고 합니다. 당시 우리나라에 들어온 컴퓨터의 보급량은 많지 않았고 주로 공공기관이나 회사에서 사용되었습니다. 가격도 매우 비싸 가정에서 쉽게 사용할 수가 없었습니다.

그렇다면 국내 PC의 시작은 언제부터였을까요? 첫 시작은 1981년 삼보컴퓨터의 1호 컴퓨터 SC-3001이라고 합니다.

1982년 8비트 교육용 컴퓨터 개발 사업이 시작되었고, 1990년에 삼성전자의 첫 노트북 PC, 그 뒤 1995년 삼성전자의 그린PC가 국내 PC 시장의 1위를 차지하게 되었고, 1996년에는 LG와 IBM이 사사를 설립하여 컴퓨터 산업을 강화하는 등 국내 컴퓨터 산업의 규모는 점점 커지게 되었습니다. 우리나라 PC 시장은 급속도로 성상하게 되면서 2007년에는 가구당 PC의 보급률이 80%를 돌파하게 되었다고 합니다.

제가 기억하기로는 2000년부터 활성화가 되기 시작했거든요.

왜냐면 저는 90년대 그 시절 대학교 과제를 손으로 쓴 세대고 또 초기에 일하던 유치원에서 계획안을 집으로 보낼 때도 모두 다 손으로 쓴 세대입니다. 2000년에는 PC를 활용해서 작성했던 기억이 있습니다. 응답하라 시리즈에서도 PC가 귀하게 등장하기도 하는데, 크기가 이렇게 큰 디스크가 네모난 플로피 디스크에서 평균 남성의 손바닥만 하게 작아진 시점이 2000년도쯤인 것으로 기억합니다. 그즈음 개인적으로는 컴퓨터 파워포인트를 활용한 교육용 CD를 출판사의 의뢰로 제작하여 판매를 하였습니다. 초기여서 파워포인트 사용이 모두 익숙하지 않을 시점이었습니다. 월드컵을 기점으로 확 컴퓨터가 퍼지기 시작한 것으로 기억합니다.

그런데 지금은 여러분들 집에 컴퓨터 한 대만 있으신가요? 혼자 사는 사람은 당연히 한 대겠지만 혼자 살아도 집에 컴퓨터가 두 대 있으신 분들이 태반입니다. PC용이 하나 있고 노트북이 있고 아니면 노트북이 여러 대가 있거나. 어떠세요? 여러분 집에도 다 그러신가요?

그런데 문제는 컴퓨터만 바뀐 것이 아니라는 것입니다. 시대가 바뀌어서 지금은 중·고등학교에서 과제로 파워포인트를 가지고 발표를 하기도 하고 대학교는 거의 모두 한다고 봅니다. 이렇게 더 편리해져 가고 더 어려워져 가는 PC 하드웨어나 소프트웨어 등 점점 바뀌어 가는 현재 상황을 이야기하려고 합니다.

컴퓨터를 통해 좀 더 플랫폼을 이해하여 보려 합니다.

먼저 하드웨어 플랫폼이란 표준 공정을 통해 다양한 제품을 만들어 내는 기반이자 도구를 지칭합니다. 예를 들어 개인 PC나 메인 서버 같은 큰 개념이라고 할 수 있습니다. 여기 보시면 IBM컴퓨터나 아이폰 등이 하드웨어라고 했을 때 지금은 그것만 갖고는 뭘 할 수 없습니다. 예전에는 그 자체만으로 명령어를 집어넣고 해서 가능했는데 지금은 그렇지가 않고 거기에 소프트웨어 응용 프로그램을 다 넣어야 됩니다.

컴퓨터에 윈도우가 안 깔리면 아예 안 열리는 시대가 되었습니다.

이처럼 소프트웨어 플랫폼이란 여러 가지 기능들을 제공해 주는 공통 실행환경을 일컫는 말입니다. 하드웨어에서 한 단계 들어간 좀 세밀해진 몇 개의 기본 환경설정이라고 할 수 있을 듯합니다.

이처럼 윈도우나 OS 프로그램이 깔려야 되고 또, 핸드폰도 마찬가지라서 안드로이드냐, 어느 기반이냐에 따라서 열리는지 안 열리는지가 또 달라지고 있습니다.

핸드폰 자체만으로 통화만 하는 것도 상관없지 않느냐고 하실지 모르겠지만 아닙니다. 다 상관이 있게 되어 있습니다.

여기에 가장 세밀한 응용 소프트웨어는 개인의 선택에 따라 설정되는 서비스 플랫폼으로 거래 플랫폼과 생태계 플랫폼, 다면 플랫폼이 있는데요, 한층 복잡해지고 더 편리해졌습니다.

좀 더 구체적으로 보면 거래 플랫폼은 공급자의 상품이나 제품을 수요자와 중개하는 형태의 플랫폼입니다. 대표적인 예로 이베이, 우버, 에어비앤비, 옥션, 지마켓 등이 있습니다. 생태계 플랫폼은 사업자가 제공하는 다양한 인프라를 활용해서 제품이나 서비스를 만들어 수요자에게 제공하는 플랫폼입니다. 대표적인 예가 어플스토어, 구글 플레이, 레이 스테이션 스토어 등입니다. 멀티 사이드 플랫폼에 해당하는 다면 플랫폼은 수요자와 공급자에게 서로 다른 가치를 제공하는 플랫폼입니다. 대표적인 예로 네이버, 페이스북 등이 있습니다.

지금은 소프트웨어가 다시 응용 소프트웨어로 바뀌었습니다. 그래서 또 어플을 깔아야 사용할 수 있도록 되어 있습니다. 그리고 재밌는 건 옛날에는 그 어플을 설정하는 게 굉장히 어려워서 복잡한 순서가 필요했는데, 요즘 스마트폰에는 아예 메일 주소와 비번 등 나의 존재를 인식하는 것이 내 폰 자체에 저장되어 있기 때문에 매번 입력하지 않아도 되고 상당히 간소화되어 있습니다.

이렇게 바뀌는 이 모든 프로그램들이 플랫폼이라고 생각을 하실 수 있는데 이렇게 플랫폼이 진화되듯이 우리들의 삶도 계속 진화되고 있다는 얘기를 감히 드리고 싶습니다.

제가 IT 분야 전문가가 아니어서 여러 책과 이론 중에서 제가 이해한 바와 공부한 것을 토대로 적고 있는데 이해하기 미흡할 수 있습니다. 이론적인 설명이 아니라 이야기하고 싶은 것은 그만큼 디지털 세상이 우리에게 들어와 있다는 것입니다.

어느새 내게 들어와 있는 O2O모델

정말 재미있는 건 이 서비스 플랫폼입니다. 4차 산업 혁명, 정보화 시대라고 하는 이때, O2O모델이 우리들의 데이터를 수집해서 저장하고 분석한 후 가치를 창출해 내는 최적화 과정까지 내가 원하든 원치 않든 이루어진다는 것입니다.

여기서 O2O모델이란 온라인-투-오프라인(on-line to off-line, O2O)

커머스는 온라인 채널에서 잠재고객을 끌어와 실제 매장에서 구매를 하는 비즈니스 모델입니다.

혹시 SNS 활동을 하다가 신발을 한번 클릭했는데 그 이후로 신발 관련 광고가 계속 SNS 할 때마다 보인다거나, C 회사에서는 메일 또는 문자까지 보냅니다. 신발 필요하지 않느냐고 하면서요.

또 그런 거 받아 보시는 분 있는지 모르겠어요. 저 같은 경우는 이번 주에 핸드폰을 몇 시간 사용하였다고 통계를 보내 주고, 어떤 어플을 주로 사용하였다고 해서 퍼센트와 시간대까지 다 나옵니다. S헬스도 어플을 깔고 거기서 걸음 수를 이용해서 점수를 쌓고 그것으로 커피를 먹습니다. 또 구글 지도가 친절하게 메일로 제가 어디, 어디를 갔고, 구글지도 어플 안에 기록을 남기겠냐고 물어보고, 사진까지 그날 그 장소에 맞추어 알려 줍니다. 그래서 기록을 남겨 두면 많은 분들이 거기에 호응하고 또 댓글을 남기고 합니다. 내가 원하든 원치 않든 핸드폰에는 그 기능들이 다 있습니다.

이것이 서비스 플랫폼이라고 하나의 예로 일반적인 갤럭시의 구글 플레이에서 설치, 구매하는 안드로이드 프로그램 어플에서 거의 모두 가능합니다. 말하자면 우리가 어떤 걸 하든 데이터가 다 수집이 된다는 것입니다. 사용을 위하여 어플을 깔면 그건 그거대로, 또 어떤 어플을 오랫동안 사용하지 않으면 잘 사용 안 하니 절전모드로 돌리겠냐고 물어옵니다. 내가 '승인'을 클릭하지 않아도 자동 수집되는 게 있습니다. 승인을 클릭해서 수집되는 것들도 있습니다. 선택 가능한 것과 불가한 것들도 있습니다.

그렇게 데이터가 수집돼서 그게 클라우드 빅데이터에 수집이 되면 '저 사람은 저걸 주로 하니까 저걸 계속 띄우면 이 사람은 이걸 원하는 거야'라고 알아서 정리합니다. 인공지능으로 스스로 결정을 해서 보내주기도 합니다. 제가 잘 설명했는지 모르겠지만 제가 이해한 바로 설명해 보았습니다. 이런 걸 O2O모델이라고 합니다. 그래서 저장하고 분석해서 이 사람한테 이렇게 저렇게 최적화하는 겁니다.

그래서 교육을 계속 보는 사람한테 교육으로, 신발을 보는 사람은 신발을 최적화해서 가치를 창출합니다. 이런 과정에서 소비 등으로 이어져 서로에게 필요한 것을 적절하게 매치하게 됩니다. 딱 내 맘 같은 때도 있고 아닐 때도 있습니다. 사실 전 조금 무섭기도 합니다.

블로그를 보시면 여행하시는 분들은 여행 친구(이웃)들이 많고, 교육, 학문 하면 교육 쪽 이웃들이 많습니다. 다 이렇게 연결이 되게 돼 있습니다. 그리고 요즘은 친절하게 페북에서도 '이런 글을 계속 보고 싶으신가요?' 물어보는 글이 보이기도 합니다.

그것이 모두 플랫폼이라고 생각합니다. 디지털 플랫폼, 우리들 생활에서 다 녹아 있습니다. 내가 이런 사실을 원하는 여부와 상관없이 실제로 다 응용되고 진짜로 돌아가고 있다는 것입니다.

아래는 과학기술통신부에서 나온 O2O모델 서비스 거래액(추정치)입니다. 여기서 보면, 건물 임대 등의 내용은 사람들은 방을 볼 때 부동산 가서 찾아가기도 하지만 검색을 많이 합니다. 재미있는 것은 부동산에 있는 부동산 중개업자들도 검색해서 간다는 것입니다. 한 번쯤은 들어 보았을 방을 구하는 어플이랑 사이트가 엄청 많습니다. 제일 많이 거래되는 것이 건물 임대, 중계, 유지·보수라고 합니다.

여기서 볼 때 많이 씁쓸하기도 했던 건 교육입니다. 0.4%….

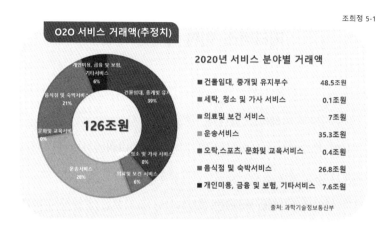

그래도 우리가 0.4% 시장을 열어 가는구나 하는 생각을 감히 해 보며 위안을 삼습니다.

안드로이드가 나오고 윈도우 8이 나오고, 크롬북이 나왔습니다. 모두 플랫폼을 표방하고 있으며 개발 지원 도구들도 가지고 있습니다. 하지만 이미 널리 사용되고 있는 PC나 스마트폰은 이미 레드오션 시장입니다. 그래서 IT 업계는 구글 글라스나 구글 자동차와 같은 새로운 범용 하드웨어의 등장을 주목하고 있다고 합니다. 왜냐하면 그것은 새로운 플랫폼 시장의 탄생과 새로운 대박 신화의 기회를 의미하기 때문입니다.

이제는 모든 산업 분야에서 IT 없는 미래를 상상하기는 힘듭니다. 반드시 미래에는 누군가에 의해 해당 시장은 열리게 될 것입니다.

메타버스, 이미 시작된 미래

다음 시대 플랫폼은 가상세계에서 할 수 있는 플랫폼, 메타버스인데요, 이미 시작된 미래라고 합니다.

그러면 메타버스가 무엇인지 제가 취득한 메타버스관리사 과정에서 이해한 내용을 되도록 간단히 쉽게 설명 드려 보려고 합니다.

먼저 메타버스(Metaverse)는 1992년 닐 스티븐슨의 공상과학 소설 『스노우 크래시(Snow Crash)』에서 유래한 개념입니다. 이 소설에서 메타버스는 현실과 연결된 특별한 가상공간으로 발전해서 아바타를 통한 경제활동이 가능한 가상공간으로 제시됐습니다. 현실 세계에서는 평범한 피자 배달부지만 메타버스 안에서는 최고의 전사인 주인공이 컴퓨터 바이러스를 퍼뜨려 정보 시대의 재앙을 일으키려는 보이지 않는 악당을 찾아내 무찌르는 SF 장편소설입니다. 『타임』지가 선정한 '가장 뛰어난 영문소설 100'으로 선정되기도 했다고 합니다.

이후 메타버스는 2003년에 가상현실 서비스인 세컨드 라이프(Second Life)가 출시되면서 새롭게 주목받기 시작했다고 합니다. 세컨드 라이프는 메타버스를 시각적으로 구현합니다.

메타버스에서는 가상의 '나' 또는 디지털 세계 속 자아인 '디지털 미(Digital Me)'가 현실 속 '나'를 대체하는데, 이를 우리는 '아바타(Avatar)'라고 부르고, 아바타를 통해 다른 아바타들과 사회적 관계를 맺고, 때로는 경제적 활동까지 할 수 있는 다양한 가상 체험을 제공합니다.

메타(Meta)는 그리스어 'μετά'에서 유래했고, '사이에, 뒤에, 넘어서, 더 높은, 초월한'을 의미합니다. 유니버스(Universe)는 '세계, 세계관, 우주'를 의미합니다.

이를 종합해 보면 메타버스는 '더 높은, 초월한'을 뜻하는 그리스어 메타(Meta)와 '세계, 우주'를 뜻하는 유니버스(Universe)의 합성어로서 현실을 초월한 가상의 세계를 의미한다고 할 수 있습니다.

Meta(초월) + Universe(세계) = Metaverse(초월세계)

미국의 비영리 기술연구단체 ASF(Acceleration Studies Foundation)는 2007년에 '메타버스 로드맵(Metaverse Roadmap: Pathways to the 3D Web)'을 발표하며, 메타버스를 '가상적으로 향상된 물리적 현실과 물리적으로 영구적인 가상공간의 융합'으로 정의하고, 메타버스를 좀더 진보적이고 구체적인 개념으로 정립하였습니다.

국내 연구자 김상균은 메타버스를 '현실의 물리적 지구를 초월하거나 지구 공간의 기능을 확장해 주는 디지털 환경의 세상'으로 정의하였고,

특히 메타버스는 우리가 살고 있는 공간의 물리적이고 기능적인 제약에서 자유로운 디지털 환경을 의미한다고 밝혔습니다. 특히 새로운 플랫폼으로서의 메타버스의 의미와 방향, 중요성을 강조하고 있습니다.

ASF(2017)는 메타버스를 '증강(Augmentation)과 시뮬레이션(Simulation)', '내재성(Intimate)과 외재성(External)'이라는 두 개의 축을 기준으로 '증강현실(Augmented Reality)', '라이프로깅(Lifelogging)', '거울 세계(Mirror Worlds)', '가상 세계(Virtual Worlds)' 네 가지 유형으로 분류했습니다.

다시 말하면 공간이 가상인지 현실인지, 디지털로 구현된 정보가 사람 중심인지 환경 중심인지에 따라 네 종류로 나누었습니다. 이해를 돕기 위해 아래에 표를 같이 넣어 봅니다.

조희정 5-2

메타버스Metaverse의 유형 4개의 유형 - ASF(2017)

위 표에 나온 내용으로 메타버스의 유형을 이해하면 우리의 실생활

에 얼마나 메타버스가 들어와 있는지 알게 되실 것입니다. 한번 체크하면서 살펴보세요.

먼저, 중심이 사람인지 환경인지 공간이 현실공간인지 가상공간인지로 이해하시면 쉬워질 것입니다.

먼저 페북을 사용하시거나 인스타그램 등을 사용하시는 분?

현실 공간에서 사람 중심으로 삶이 기록된 것이라고 볼 수 있는 라이프로깅(Lifelogging)은 사용자의 일상 속 정보와 경험을 가상의 세계에 기록, 저장, 공유하는 전반적인 활동을 의미하며, 인스타그램을 비롯한 소셜미디어 서비스가 라이프로깅 메타버스에 해당됩니다. 삶을 기록한다는 것입니다. 삶을 어디서 기록했는지 페북에서 기록하고, 인스타그램에서 기록하고, 블로그에서 기록하고, 카페에서 기록하고, 밴드에서 기록하고, 어떻게 보면 카톡으로도 기록합니다. 카카오스토리도 그렇고 또, 삼성헬스나 우리 걸음 수 측정하는 것도 라이프로깅으로 볼 수 있지 않을까요?

이번에는 VR이나 특수안경 쓰고 3D영화 보신 분?

현실 공간에서 환경 중심인 증강현실(Augmented Reality, AR)은 물리적 환경 기반을 두고 가상의 사물(이미지)이나, 컴퓨터 인터페이스를 중첩시켜 보여 주는 기술을 말합니다.

2016년에 출시되어 전 세계적으로 인기를 끌었던 모바일 게임 포켓

몬 고(Pokemon Go)가 대표적인 예라고 하는데 저는 이 게임을 안 해 봐서 잘 모르겠으나 스마트폰이나 차량용HUD에서 볼 수 있습니다. 운전을 하신다면 거의 보신다고 해도 과언이 아닐 듯합니다.

내비게이션 또는 구글지도를 검색하시거나 배달 어플에서 주문한 물건이 이동하는 것은 보신 분?

환경 중심에서 가상공간인 거울세계(Mirror Words)는 사용자가 속해 있는 물리적 세계를 가능한 사실에 가깝게 재현하되, 추가 정보를 더하여 정보적으로 확장된 기술을 뜻합니다. 구글 어스(Google Earth)와 같은 지도 서비스가 대표적인 예라 할 수 있다고 내비게이션 카카오택시도 여기에 속합니다.

마지막으로 제페토나 온라인 집짓기 게임 등을 해 보신 분?

사람 중심의 가상의 공간인 가상세계(Virtual Words)는 현실에 존재하지 않는 세계를 가상의 세계로 구현하는 기술로서, 가상세계에서의 활동은 아바타를 이용합니다. 대규모 다중 접속 온라인 게임(Massive Multiplayer Online Game, MMOG)이 가상세계를 가장 잘 설명하는 대표적인 예라고 합니다. 요즘은 이러한 가상공간(ifrend)에서 강의도 하고 진로도 게임처럼 가상체험(gather town)을 하기도 합니다. 게임을 안 하시더라도 이모티콘을 활용해 본인의 의사를 대신하시는 분들도 여기에 해당하지 않을까 저는 우겨 봅니다.

메타버스, 내 삶에 들어와 있다

위에서 유형과 살펴보시니 어떠세요? 아마도 거의 4개의 유형을 거의 자의든 타의든 사용하고 계신 것을 알 수 있습니다. 메타버스 어렵다고만 생각했는데 실제로 그 초월 세계가 내 삶에 살며시 아니 거의 들어와 있다는 것입니다.

저는 제일 무서운 게 ○팡입니다. 한 번의 클릭으로 쇼핑과 메일 문자, 카톡까지 보냅니다. 유용한 구글도 무섭긴 합니다. 제가 어디 갔다 왔는지 구글이 일주일마다 알려 줍니다. '여기, 여기 다녀오셨으니까 남기겠습니까, 패스하겠습니까?' 그래서 제가 어디를 갔다 왔는지 그래서 그 사진을 페북에 언제 올렸는지까지 다 나옵니다. 자기가 기억해서 '1년 전', '5년 전' 하면서 알려 주기도 합니다. 쇼핑에 관한 클릭으로 제가 무엇을 좋아하는지 빅데이터에 저장되어 비슷한 물건을 보내 주고 사도록 유도합니다. 이런 방식을 O2O모델이라고 하고 AI가 나라는 존재의 취향까지 분석해서 알고 있습니다. 이것은 완전 편리하기도 하면서 솔직히 무섭기도 합니다.

디지털은 나랑 거리가 멀다고만 생각을 했는데 진짜 현실에 와 있습니다. 단지 내가 그것을 인식하지 않고 있었구나 하는 것입니다. 어렵기만 메타버스도 모두 사용하고 있습니다. 이렇게 디지털과 나는 연속적으로 계속 상호작용이 되고 있다는 사실을 인지하고 결국은 우리는 모두 다 연결되어 있고 우리가 끊으려야 끊을 수가 없는 현실이라는 점입니다.

그러면 이 디지털 세상 어떻게 적응하고 어떻게 나아갈 것이냐 입니다. 여기는 실시간이고 동시에 다 행해지고 참여 제한도 없고 내가 원하는 여부와 상관없이 이루어지기도 합니다. 어떻게 보면 전기로 또 디지털로 이루어진 세상에서 한정된 현실 세계보다 아닌 초월세계, 앞으로 메타버스는 계속 발전하고 더 많이 적용될 것입니다.

멀게만 느껴지던 영화들, 예를 들어 〈매트릭스〉는 옛날 얘기라고만 생각했는데 지금 현실이 되고 있습니다. 〈매트릭스〉 그리고 〈아바타〉 등 시리즈로 계속 나오고 있습니다.

이제 먼 얘기가 아니라 우리의 생활에 밀접하게 다가와 있다는 것입니다. 초월 세계가 지금 우리들의 삶 속에 이런 유형들로 함께하고 잇다는 것입니다.

신용카드가 처음 나왔을 시기에는 사용하면 큰일이 일어날 것처럼 조심해서 사용하라고 했는데 지금은 대부분의 사람들이 현금을 안 가지고 다니고 신용카드로 거의 해결합니다.

NFT 또한 아직은 낯설게 느껴질 수도 있겠지만 어느 순간 지금의 신용카드처럼 자연스럽게 사용할 것이라고 예측합니다.

메타버스가 예전에는 어떤 게임이 한 분야라고 치부하기도 했지만, 이제는 게임을 넘어서 우리의 경제 속으로 다 들어와 있고 우리의 생활 속으로 들어와 있습니다. 앞으로도 메타버스는 앞으로 더 우리에게 많은 공간을 찾아올 것이라고 말할 수 있을 듯합니다.

그래서 이 메타버스가 계속 진화하고 앞으로 더 나아갈 건데 우리는 어떻게 적응해야 될 것이냐가 문제입니다.

이 디지털 플랫폼. 앞부분에서 이야기하였듯이 스마트폰 알람부터 시작해서 여러분들은 디지털로 시작해서 디지털로 끝나는 세상에 지금 살고 있습니다. 우리가 흔히 사용하는 전기 스위치도 마찬가지고 모든 것을 다 디지털로 살고 있습니다.

그럼 이렇게 얘기를 해 봅시다. '나는 굳이 그렇게 해서 살고 싶지 않아. 나는 자연인으로 살고 싶어.' 그럴 수도 있습니다. 그러면 자연으로 산다고 내가 도심을 떠나 어디 먼 곳에 산 속에 있다면, 그럼 디지털하고 정말 거리가 멀어질까요? 전기 없이는 못 살고 전화기 휴대폰 없이는 어려운 디지털과는 이제 멀어질 수가 없는 세상이 되어 버렸습니다.

누구에겐 생존이고 누구에겐 취미이다

2018년 국세청 소득신고에 의하면 우리나라에서 2019년에 유튜브로 수입을 신고한 사람들이 330명이라고 합니다. 유튜버로 벌어서 먹고 살고 있다는 이 사람들이 월 평균 수입이 얼마냐면 934만 원입니다. 이 중에서 2019년에 보람튜브라고 하는 6살짜리 아이의 유튜브를 보셨는지 모르겠는데 40억이 아니고 400억 원의 매출을 올렸는데 이것은 중소기업 이상의 매출을 올린 것이었습니다.

그러면 이 사람들한테 '당신의 삶은 디지털에서 어떻게 차지합니까' 라고 물어보면 그들은 생존이라고 답할 수 있습니다. 대기업을 운영하시고 계시는 거나 마찬가지인 상황입니다. 그러한 현상을 보고 유튜브에 목숨 걸고 뛰어드는 사람들이, 정말 특히 젊은 친구들은 정말 많아지고 있습니다. 혹은 누구에겐 취미로 가끔, 또는 삶의 활력을 주는 창구일 수도 있습니다.

누구에겐 페이스북 등의 SNS 활동이 취미이고 그냥 해도 그만, 안 해도 그만일 수도 있지만 어떤 사람들에겐 물건을 홍보하는 창구이고 얼마나 많은 정보를 잘 제공하냐에 따라 본인의 또는 기업의 수입을 좌우하는 굉장한 도구입니다. 또, 삶을 기록하는 수단이 되기도 하고 사람들과의 관계의 연결고리가 되기도 하고 먼 거리의 친구에게 편지이기도 합니다.

이제는 취미를 넘어선 디지털의 기술이 없이는 살아가기 어려운 생존의 문제로 다가왔고 그것을 활용한 디지털 플랫폼은 선택의 기준에 따라 바뀌어 지고 있습니다.

그러면 '우리가 이걸 어떻게 할 것이냐'라는 것입니다.

디지털하고 나하고 거리가 머니까 안 사용할 건지 아니면 남들 하는 만큼만 하기 위해서 뛰어들 것인지 결정하는 것이 저는 중요하다고 생각을 합니다.

포모증후군(FOMO syndrome)은 흐름을 놓치거나 소외되는 것에 대한 불안 증상을 말하는데, 포모증후군이란 소외되는 것에 대한 두려움을 뜻하는 'Fear Of Missing Out'의 앞 글자를 딴 '포모(FOMO)'와 '증후군(Syndrome)'을 조합한 용어입니다. 조모(JOMO)는 'Joy Of Missing Out'의 약자로 '놓치는 것의 즐거움'을 말합니다.

포모를 선택할 것이냐, 조모를 선택할 것이냐. 내가 선택적인 즐거움을 가질 것이냐, 아니면 남들 하는 대로 따라갈 것이냐. 저는 다른 사람 따라가면서 힘들어하는 걸 추천 드리고 싶진 않습니다.

디지털 자기결정권

플랫폼의 비유에서 이야기하자면 하드웨어는 우리가 할 수 밖에 없고, 소프트웨어도 우리가 선택할 수가 없습니다. 아, 물론 중간에 선택은 있습니다. 안드로이드냐, 아이폰이냐 선택하듯이 아주 기초적인 선택입니다. 그렇다고 한다면 그 후 응용 프로그램은 우리의 선택 권한이 있습니다. 그래서 응용 플랫폼처럼 여러분들에게는 어떤 거를 선택할 것이냐 하고 여쭤보고 싶습니다.

여기서 가장 중요한 것은 내가 원하고 바라고 필요한 것을 아는 것이라고 봅니다. 끊임없는 '자기 거리두기' 작업을 하여 나를 들여다보고 나를 세워 가는 사람이어야 합니다.

내가 응용프로그램을 선택할 때 '나는 이게 필요하니까 이걸 할 거야'라고 말할 수 있어야 합니다. 스스로 그 문제와 필요를 스스로 정의하고 거기에서 내가 이것을 선택적으로 할 것이냐, 말 것이냐 하는 것을 결정하는 것입니다.

예를 들어 페이스북을 이야기해 보겠습니다. 어떤 분은 아침, 점심, 저녁으로 하루에 10개 이상 올리시는 분들도 있습니다. 어떤 사람은 한 달에 하나 올릴까 말까 합니다. 그것에 대해서 잘잘못을 이야기하는 사람은 없습니다. 하지만 개인의 호불호는 있을 수 있습니다. 남이 어찌하느냐가 중요한 것이 아닙니다. 누군가를 따라 하는 것이 아닌, 또 부담으로 적는 기록이 아닌 것입니다. 내 삶을 기록하는 데 꼼꼼하게 또는 느슨하게 그것은 각자 선택할 바입니다. 따라가는 마지못한 선택이 아닌, 독립적으로 나 하고 싶은 바를 내가 스스로 선택할 수 있는 결정권 저는 그게 제일 중요하다고 생각합니다.

그래서 내가 스스로 문제와 필요를 정의하고 그에 따라서 키워 나갈 수 있는 능력이 필요하다고 생각이 되어서 한다면 디지털 적응이 더욱 빨리 이루어질 것입니다. 필요하지 않기에 굳이 하고 싶지 않다면 나에게 맞는 또 다른 것을 하고 계시리라 생각됩니다.

디지털 속에 살고 있는 스스로가 어떻게 얼마만큼 응용하고, 얼마만큼 적응하고, 얼마만큼 전환하고 살아갈 것인가 스스로 선택하고 스스로가 책임져야 한다는 것입니다.

디지털에 적응해서도 좋고 안 하서도 좋습니다. 그러나 내가 그것에 대해서 전혀 모르는 상태에서 못하는 것과 할 수 있는 범위를 이 정도까지 오케이 하는 것은 다르다고 생각합니다. 그래서 남한테 주눅 들 필요도 없고 겁먹을 필요도 없고 스스로의 디지털 세상을 살아가는 것입니다.

내가 가진 것을 어떻게 채워 갈 것인가. 그것은 남이 채워 주는 게 아니고 남들처럼 해야 하는 것도 아닙니다. 여러분들 스스로가 결정해 보시는 여러분들의 결정권을 가지시는 게 어떨까 제안을 해 봅니다. 그래서 작은 습관을 하나씩 만들어 가는 것이 좋겠다는 생각입니다.

예전에는 저도 종이책으로 보아야 눈에 들어왔는데, 어느 순간 이제는 디지털 책이 더 편하게 느껴집니다. 무겁지도 않고 핸드폰 안에 다 들어가니까 가볍고, 상황에 따라 크기도 키우고, 조명도 켜고, 원할 때 볼 수 있고, 이삿짐에 견적도 많이 나오지도 않습니다.

끌려가는 삶이 아닌 이끌어 가는 디지털의 삶. '내가 어떤 디지털을 꼭 활용해야 돼', 이것이 목적이 아니라 그것을 내가 하는 것의 수단으로 삼아 가는, 디지털 케어를 하는 삶을 추천드립니다.

> 인생은 흘러가는 것이 아니라 채워지는 것이다.
> 우리는 하루하루를 보내는 것이 아니라 내가 가진 무엇으로 채
> 워 가는 것이다.
>
> - 존 러스킨

행복을 수중에 넣는 유일한 방법은 행복 그 자체를 인생의 목적
으로 생각하지 말고, 행복 이외의 어떤 다른 목적을 인생의 목적
으로 삼는 일이다.

- 존 스튜어트 밀

아리스토텔레스가 이러한 얘기를 했는데, 원하는 것과 바라는 것은
다르고, 원하는 것을 자기 자신의 가진 모든 힘과 노력으로 기울여 원
하는 것을 쟁취했을 때 진정한 행복을 얻게 된다고 합니다.

여러분들이 원하신다면 배우셔도 좋고 난 원하지 않아서 배우지 않
는다 해도 그것도 좋습니다. 하지만 '그런데 남들이 원하니까 해야지'는
아니라는 말씀을 드립니다. 물론 가끔은 그런 부분도 사실은 있습니다.
윈도우를 안 할 수는 없습니다. 할 수밖에 없는 것은 윈도우를 전문으
로 깔아 주는 사람들도 있는 것처럼, 기본적인 것은 쉽게 해결되는 디
지털 세상입니다.

그 안에 여러분이 원하는 행복한 세상을 만들어 줄 응용프로그램을
선택할 줄 알아야 현명한 소비가 이루어지기 때문입니다. 그런 것처럼
여러분들이 선택할 수 있고 여러분들이 바라고 원하는 것들에 대해서
끊임없이 생각하시고 점검하시고 그렇게 표현할 수 있다면 더 좋겠습
니다.

미래의 기회는 게임 안에 있다

플랫폼 시대가 됐고 디지털 플랫폼이 계속되는데 우리는 이거를 아예 거부할 수는 없을 것 같습니다.

게임이 저는 참 재밌습니다. 왜냐하면 게임은 항상 미션이 정해져 있습니다. 그 미션에 도달할 수 있도록 여러 피드백이 주어지고 도달하면 리워드 보상이 주어집니다.

우리도 그렇게 이게 꼭 이렇게 해야 된다는 건 아니지만 이게 디지털적인 사고방식이라고 생각을 감히 해 봅니다.

먼저 현재의 디지털 세상의 현주소를 알아보고 그 속의 나라는 존재를 살펴보아야 합니다. 잘잘못을 가리거나 평가하려는 것이 아닙니다. 내 위치와 상태 등을 알아야 미래에 어찌 나아갈지 방향이 보이기 때문입니다.

두 번째는 미션을 정하고 방향성을 정한다고 할 수 있겠습니다. 그 후에 생각을 좀 전환하고 적응하고 변화할 필요가 있다면 하면 됩니다. 우리들의 선택은 어떻게 이루어질 것인가, 그 방향을 스스로 정해서 여러분들의 미션을 스스로 만들고 해 보는 겁니다. 너무 거창한 것은 추천 드리고 싶지 않습니다. 아주 작은 것부터 지금부터 바로 할 수 있는 것이면 좋을 듯합니다.

마지막으로, 내가 그 위에서 선택한 사항을 잘하고 있다면 스스로에게 상을 주시면 됩니다. 혹시 잘 안 이루어지고 있다면 방법을 바꾸어 다시 시도해 보셔도 좋습니다. 결과물이 어떠하든 본인의 선택을 믿어주고 스스로가 결정한 것에 만족하는 것입니다.

위의 이야기는『게임인류』라는 책을 보면서 제가 생각하고 평상시에도 강의하는 내용들입니다. 저희 교육플랫폼에서는 이것을 '나봄, 나세움, 함께 펼침'이라는 교육혁신프로젝트로 이야기합니다.

제 강의 마지막 부분에서 주로 선택사항과 결심사항을 나누는데, 그 이야기 중의 하나입니다. 어떤 분은 하루에 한 번 열었다가 닫겠다고 하였습니다. 책을 너무 싫어하지만 책은 읽어야 할 것 같고, 하루 한 번 펼쳐보는 것은 할 수 있겠다며 그런 결심을 하였다고 합니다. 저는 이분이 스스로의 한계와 필요를 적절히 느끼고 있고 실현 가능한 계획을 한다고 느꼈습니다. 책을 꼭 읽어야 하는 것은 아니지만 본인이 읽어야겠다고 결심하고 할 수 있는 부분부터 시작하는 용기가 너무 멋졌습니다. 그 결과 나도 모르게 책 속으로 들어가 있는 그분이 되기를 소망합니다.

이 책을 읽으시는 여러분들도 현실로 다가온 디지털 세상을 한껏 받아드릴 수 있도록 아주 작은 일부터 시작해 보면 어떨까요? 성공하는 사람들은 스스로의 루틴을 만들어 이루어 간다고 합니다.

나만의 미션을 정하고 돌아보고 선택하고 행동하는 디지털케어의 삶, 디지털 에이징이 원활히 이루어지면 여러분들의 남은 삶의 탐험이 좀 더 행복해지는 시간이 되리라 믿습니다.

그래서 오늘의 탐험이, 오늘의 삶이 매 순간 즐거워지시는 여러분들이 되시기를 응원 드립니다. 슬기로운 자는 미래를 현재처럼 대비한다고 합니다. 오늘도 그렇게 현재인 양 대비하시는 여러분들이 되셨으면 좋겠습니다. 고맙습니다.

<u>6</u>

디지털! 끌려가는 삶에서 끌어가는 삶으로 극복 진행기

박여훈

'디지털' 말만 나오면 얼어붙고 경직되는 바님의 디지털 극복과정을 이야기해 보겠습니다. '과정'이란 단어를 사용한 이유는 지금도 진행 중이라는 말입니다.

치과는 빨리 갈수록 돈 버는 일이라고들 합니다. 디지털 시대도 마찬가지라는 생각을 하게 된 바님은 우선 디지털을 알아야겠다는 생각을 하게 되었습니다. 피할 수 없으니 하루라도 빨리 배워서 누려야겠다는 생각으로 '디지털'의 정체를 고민하기 시작한 거죠.

이제부터 드리는 말씀은 철저히 바님 개인의 체험이며 주관적인 견해임을 밝힙니다.

디지털은 기계를 통한 연결

바님이 내린 결론은 '디지털은 기계를 통한 세계와의 연결이다'입니다. 사람을 직접 대면하고 모든 일을 처리했던 아날로그 시대와 달리 사람과 사람 사이에 디지털이라는 단계를 거치게 된 것입니다. 마치 코로나19 시대가 시작되면서 식당이나 강의실에서 쉽게 찾아볼 수 있는 투명 플라스틱 가림막 같은 것에 비유할 수 있겠습니다.

아날로그 시대를 살아왔던 중장년층 이상의 세대들은 사람과 직접 소통을 해야 편하고 익숙한데 인터넷이나 어플이라는 단계를 거쳐야 합니다.

그 단계가 불편하고 어려워서 위축되고 열등감을 느꼈던 경험이 디지털에 대한 부정적인 선입견을 갖게 했습니다. 예를 들면 인터넷 신분증인 공동인증서 발급이라든가 키오스크 앞에서 랙이 걸려 '대략난감'했던 경험 등이 바로 그것입니다.

하지만 이미 디지털은 알게 모르게 일상이 되어 있었습니다. 생활을 편리하게 해 주는 기계(로봇 청소기, 세탁기, 거의 모든 가전…)를 뛰어넘어(요즘은 일방향 가전이 아닌 쌍방향 가전이 일반화되고 있죠) 사람과 연결(카카오톡, 페이스북, 인스타그램…)하고 더 넓은 세계와 연결해 주는 플랫폼(직구 쇼핑, 아마존)이 일상화되었습니다.

자녀가 있는 4050세대의 가장 큰 숙제인 자녀들의 학업도 줌 강의를 통해 다양화되고 있습니다. TV를 보다 보면 디지털 교육 플랫폼 광고를 쉽게 볼 수 있습니다.

바님은 디지털은 선택이 아닌 생존의 영역이 되었다는 결론을 내고, 하루라도 빨리 배워야겠다고 생각했습니다. 그리고 급한 것과 덜 급한 것, 또 선택 불가능한 것과 선택 가능한 것으로 우선순위를 정해 보았습니다.

그래서 다음과 같이 3가지 종류로 디지털을 나누었습니다. (사람에 따라 각각의 영역은 달라질 수 있겠죠.)

50대 디알못녀(디지털 알지 못하는 여자)가 나눈 디지털 세계

생활과 문화, 선택과 필수의 영역을 나누는 일은 물론 개인차가 있을 수 있습니다.

손흥민 선수에게는 축구공이 필수이지만 바님에게는 평생에 필요 없는 물건이 축구공입니다.

누군가에겐 필수적이지만 누군가에겐 평생 쓸 일 없는 물건이나 세계가 있듯이 생존, 생활, 문화의 영역은 디지털이 0 아니면 1로 나누듯 명확하고 야멸차게 구분할 수 없습니다.

얼굴과 이마를 명확히 나눌 수 없듯 말입니다.

생존을 위한 디지털

선택의 여지가 없는 생존을 위해 반드시 필요한 디지털의 종류는 수 없이 많습니다.

대표적인 기기는 **스마트폰**이라고 할 수 있습니다. 일상에서 스마트폰은 기계가 아닌 현대인의 신체 일부가 되었습니다. 스마트폰으로 알람을 맞추고 기상을 하고, 각종 어플을 실행시키고, 실물 카드가 없어지며 결제 기능을 대신하게 되었습니다. 바님만 해도 더 이상 지갑을 들고 다니지 않습니다. 주유할 때를 제외하고는 실물 카드를 사용할 일이 거의 없습니다. 각종 페이로 결제가 가능해진 까닭입니다.

학원에서 강의를 하던 시절 2G폰 시절에는 수업 시작 전 핸드폰을 걷는 일이 그렇게 어렵지 않았습니다. 하지만 스마트폰 시대가 되면서 학생들의 저항은 매우 격렬해졌습니다. 전원을 꺼 놓을 테니 갖고 있게만 해 달라는 학생들의 요구가 매우 강했습니다.

어른들도 예외는 아닙니다. 길거리나 버스, 지하철에서 스마트폰을 보고 있지 않은 사람들을 찾기가 어려워질 정도로 스마트폰은 이미 현대인의 신체의 일부가 되었습니다.

(그림: 박여훈)

소통을 하기 위해서도 스마트폰은 필수적입니다. **카카오톡**을 통한 소통이 대표적인 예라는 것은 부정할 수 없을 것입니다. 개인적인 소통에서 시작해 각종 모임과 직장에서도 카카오톡 그룹채팅 방을 통해 각종 자료와 공지사항이 전달됩니다.

직장인들은 퇴근 후 회사 관련 팀 방에서 카카오톡 메시지가 수신되면 상당한 스트레스를 받는다고 합니다. 이제 아주 특별한 이유가 아니면 더 이상 문자로 소통을 하는 경우는 찾아보기 힘들게 되었습니다.

이동을 위한 각종 **교통수단 이용**에도 디지털은 이미 선택 불가한 항목이 되었습니다. 현장예매가 아예 불가하진 않지만 기차와 고속버스 예매를 비롯해 항공권 발권 등 대부분 인터넷을 통한 비대면 예매로 이루어지고 있습니다.

디지털 신분증이라고 생각이 되는 공동금융서, 금융인증서도 이제는 필수입니다. 요즘은 카카오톡 인증이나 네이버 인증, 휴대폰인증 등 사용자 중심으로 좀 더 간편한 인증방식으로 다양화되어 공동인증서의 불편함을 보완하고 있는 추세입니다.

운전자에게 필요한 **내비게이션 사용**도 선택보다는 필수적인 기기가 되었습니다. 길을 알고 있다 하더라도 도로마다 다른 속도제한 규정이 달라 별 생각 없이 운전을 하다가는 속도위반 과태료가 부과되기 때문에 아는 길도 필수적으로 실행할 수밖에 없는 현실입니다.

코로나19 바이러스 예방 백신접종도 인터넷을 통해 예약을 하고 접종을 받아야 했습니다. 인터넷 사용이 어려운 일부 계층을 제외하고 어플이나 인터넷을 통해 예약을 해야 합니다.

코로나19 바이러스가 퍼지기 시작한 초창기에는 마스크를 살 수 있는 약국도 인터넷으로 검색을 해서 찾기도 했습니다.

전화로 '문의'는 할 수 있지만 '예약'은 불가해진 시대입니다. **대형병원 진료**를 받기 위해서도 인터넷을 통해 예약을 하는 일은 필수가 되었습니다.

운동을 하기 위해서도 예약이 필요합니다. 비대면 시대가 본격화되면서 **공공 체육기관은 예약**을 하지 않으면 운동을 할 수 없게 되었습니다. 물론 65세 이상 인터넷 사용 취약 계층을 위해 현장 예매가 가능했지만 그마저도 점점 축소되고 있습니다. 바님이 살고 있는 지역의 체육관도 수영과 헬스장 모두 인터넷 예약제로 운영되고 있습니다.

요즘은 길에서 택시 잡기가 아주 어려운 '일'이 되었습니다. 카카오T라는 어플이나 기타 개인교통 어플을 설치해서 미리 예약을 해야 승차가 가능해졌습니다. "나같이 인터넷 못 하는 늙은이는 택시도 못 타…"라는 볼멘소리를 하시는 분들이 주위에 드물지 않습니다.

이외에도 디지털 도어락, 각종 가전제품의 디지털화 등 생활의 수준이나 형태에 따라 생존을 위한 디지털의 종류는 매우 많습니다.

그렇다면 바님의 대안은?
생존을 위한 디지털은 선택이 불가능한 영역입니다.
생존을 위한 영역은 무조건 배우고 익히는 방법 말고는 대안이 없다고 바님은 생각했습니다.

다행히 생활에 반드시 필요한 디지털 영역은 국가 차원에서 정책적으로 교육프로그램을 진행하고 있고 또 기술의 발전으로 좀 더 직관적으로 진화하고 있기 때문에 조금만 노력한다면 큰 어려움 없이 접근할 수 있게 되었습니다.

각종 민원 서식이나 증명서 발급 또한 디지털로 가능해졌기 때문에 시간을 절약할 수 있게 되었습니다.

생존을 넘어서 생활을 위한 디지털

다음은 선택을 할 수 있으나 사용하지 않으면 불편하거나 불이익을 받게 되는 디지털의 종류입니다.

각종 쇼핑 어플

마트나 재래시장에서 장을 보는 일은 가족 단위로 또는 개인의 여가 활동의 일부로 활용하기도 합니다. 요즘도 휴가철이나 명절 전 예전만은 못하지만 백화점이나 마트, 재래시장에 여전히 사람들이 많습니다.

하지만 평상시의 쇼핑의 모습은 코로나19 바이러스로 인한 비대면 시대가 본격화되고 각종 쇼핑 어플이 등장하며 완전히 바뀌게 되었습니다.

배달업체들은 저마다 새벽배송과 총알배송들을 내세우며 장바구니 배달을 앞다투어 실행하고 있습니다. 덕분에 소비자는 어플을 통해서 구매하게 되면 할인율도 높고 새벽 배송이 되기 때문에 시간과 비용을 절약하는 장점을 누릴 수 있게 되었습니다. 쇼핑을 위해 오고 가며 기름값도 절약하고 시간도 아낄 수 있다는 장점이 있습니다. 견물생심이라고 필요하지 않은 것까지 구매한 후 환불이나 반품하기 귀찮아서 울며 겨자 먹기 식으로 사용하는 불상사도 예방할 수 있습니다.

가족끼리 대형카트를 밀며 다양한 상품들을 구매하는 일이 주말의 행사였던 풍경은 이제 불편하고 거추장스러운 일이 되고 있습니다.

공중파나 케이블방송 대신 유튜브

세상의 모든 이슈와 트렌드들을 공중파 방송을 통해 보고 들었던 시대는 이미 끝나고 있습니다. KBS와 MBC 9시 뉴스와 SBS 8시 뉴스와 각종 종이 신문들을 통해 알 수 있는 정보가 전부였던 시대는 이미 끝났습니다.

케이블 방송의 시대가 되면서 채널이 많아졌어도 공중파 방송과 YTN을 통한 뉴스를 가장 신뢰하던 시대가 불과 몇 년 전이었습니다. 독재정권 시절 편파적인 뉴스 때문에 왜곡된 기사로 진실에 가려진 시대도 있었으나 문민정부가 들어서면서 공정한 보도와 각종 탐사 프로그램으로 사회의 어두운 부분이나 부정한 부분이 많이 알려져 시정되는 언론의 순기능을 강력히 발휘하던 때도 있었죠.

하지만 유튜브 채널의 빠른 성장으로 정치, 사회, 경제 이르는 생활에 관한 거의 모든 부분에서 신뢰성이 검증되지 않은 정보의 양이 기하급수적으로 늘어나고 있습니다.

쏟아지는 정보의 신뢰성은 채널의 구독자 수로 판단되고 있습니다. 구독자 수와 정보의 진실성은 결코 비례하지 않는데도 말입니다.

편향성도 극대화되어 유튜브 채널 안에서 회색지대나 중립지대는 없어 보입니다.

'가짜 뉴스'라는 신조어가 일반화되어 사용될 만큼 거짓정보가 판을 치고 있어 거짓과 진실을 가리는 일은 매우 어렵고 중요한 일이 되었습니다.

어른들에게도 힘든 일이니 미성년자들에게는 더더욱 취약한 부분입니다. 분별력이 매우 중요한 대목입니다.

예능이나 취미 등 다양한 방면에서 일반인들의 재능이 빛나고 있는 부분은 좋은 점입니다. 공중파 3사에서 밀려난 개그맨들이 개인 채널을 통해서 재능과 끼를 발휘함으로써 수익을 창출하고 구독자들에게 웃음을 주는 점은 유튜브의 순기능 중 대표적인 부분이라고 생각합니다.

연예인들도 개인 채널을 운영하며 취재기자에 의해 편집되지 않은 본인 관점의 일상과 취미생활을 공유함으로써 대중과 더욱 친밀해지고 부수익을 올리고 있습니다.

일반인들 중에도 유튜브 채널 운영으로 성공한 사례들이 알려지면서 청소년들의 장래희망 1순위가 연예인에서 유튜버로 바뀌었다는 기사를 본 기억이 있습니다.

금융 어플

운영시간이 짧은 은행에 시간을 맞추어 가서 대기표를 뽑고 기다려서 업무를 보는 번거로움 없이, 시간 제약 없이 경우에 따라 대출까지도 핸드폰 하나로 해결할 수도 있습니다. 부득이하게 은행을 방문해야 할 때도 대기 순번표를 어플을 통해 미리 발급받을 수도 있습니다. (국민은행)

은행 관련 어플은 역기능보다 순기능이 더 많다고 생각합니다.

홈CCTV

강아지를 키우는 분들이나 어린아이를 도우미 이모님들에게 맡겨야 하는 부모님들은 거의 필수적으로 설치하고 있습니다. 믿고 맡기고 싶지만 만일의 경우에 대비할 수밖에 없는 것이 현실입니다.

스토킹으로 경찰에 고소장까지 접수하여 법원으로부터 가해자의 접근금지 판결을 받은 경험이 있는 바님도 홈CCTV 설치를 적극적으로 고려하고 있습니다.

잊을 만하면 터지는 어린이집 원아 학대사건도 거의 CCTV를 통해서 사건 인지를 하고 증거를 확보하고 있죠.

집 밖에 나가면서부터 우리를 감시하고 있는 CCTV는 사생활 침해라는 단점보다는 이로운 점이 더 많이 부각되고 있습니다. 이제는 집 안 CCTV 설치로 확대되고 있는 실정입니다.

이렇게 정리를 하다 보니 무례하다고 생각했던 디지털 시대가 어쩌면 츤데레 같은 성격을 가진 사람처럼 친절한 시대라는 생각이 들기 시작했습니다.

그렇다면 바님의 대안은?

공중파 채널보다는 유튜브 시청을 많이 하고 있는 바님은 어느 날 본인이 보고 있는 채널이 대단히 정치 편향적라는 것을 깨닫게 됩니다. 유튜브의 알고리즘에 의해 내가 선택하는 것이 아닌 구글에 의해 길들여지는 듯한 느낌을 받게 된 것입니다.

2, 30대에 좌나 우로 편향될 것을 우려해 『한겨레신문』, 『경향신문』과 『조선일보』, 『중앙일보』, 『동아일보』를 함께 보던 시절이 떠올랐습니다. 중년이 된 지금 오히려 편향된 시각으로 정보를 검증 없이 받아들이고 있는 스스로를 보며 화들짝 놀라게 된 거죠.

우선 채널 시청시간을 절대적으로 줄이기로 결심합니다. 그리고 독서하는 시간을 늘려야겠다는 생각을 합니다. 바님이 생각하기에 진부하지만 독서 외에 다른 대안은 없습니다.

유튜브 시청 외에 다른 디지털 기기의 단점은 특별히 찾기 어려웠습니다.

생활을 풍요롭게 하는, 문화를 위한 디지털

마지막으로 생활을 좀 더 고오급지게 만들어 줄 수 있는 디지털에 대해 생각을 나누겠습니다.

어린 시절 바님은 만화가가 꿈이었습니다. 짜장면을 먹으면 짜장면집 사장이 되는 게 꿈이었고, 신상 샤프펜슬을 살 땐 문방구 사장님이 되고 싶던 시절의 꿈이다 보니 뭐 그리 진지한 꿈은 아니었습니다.

하지만 성인이 된 이후에도 연휴가 되면 만화책을 3, 40권씩 빌려 핸드폰을 끄고 소파와 이불에 파묻혀 지내는 걸 가장 행복해하는 바님이었습니다.

그림 어플

바님은 우연한 기회에 아이패드라는 태블릿을 구입하게 됩니다. 호기심으로 문화센터에서 하는 강의를 듣다가 디지털로 그림을 그리는 방식을 접하게 된 것이 아이패드 구매 계기였습니다. 아이패드라는 신문물을 만난 바님은 곧장 만화를 그리기 시작하게 되었습니다. 사실 만화라기보다는 낙서에 가까운 수준입니다.

거창한 스토리를 가진 만화를 그리진 않지만 소소한 그림일기를 쓰기도 하고 본인만의 이모티콘을 그려 개인적으로 친분이 있는 사람들에게 선물하고 본인 스스로 사용하기도 합니다.

지금은 카카오톡 이모티콘 출시를 목표로 열심히 낙서를 하고 있다고 합니다.

또 좋아하는 작가의 그림을 따라 그리며 화가의 꿈을 꾸기도 합니다.

(그림: 박여훈)

전자책 출판

바님은 평소 책을 출판하고 싶다는 꿈을 갖고 있습니다.

대단히 훌륭한 내용이면서 역사에 길이 남을 명작이면 좋겠지만 꼭 그렇지 않더라도 한 사람이 우주라고 생각하는 바님은 본인의 인생 이야기를 출판하고 싶어 합니다.

아날로그 시대라면 일반인이 엄두내기엔 거의 불가능한 큰일이지만 디지털 시대에는 내용이나 분량에 관계없이 출판할 수 있다고 합니다. 아날로그 시대에 비해 상대적으로 덜 어려워졌을 뿐 바님에게는 아주 어려운 일이기는 합니다.

들리는 말에 의하면 3년째 맘만 먹고 있었다고 합니다. 요즘은 유튜브를 통해 전자책 출판 방법을 배우고 있습니다. 역설적이게도 종이책을 통해 전자책 출판 방법도 배우고 있다고 합니다. 이 글을 읽고 계시는 분들도 본인들만의 장점이나 특기를 전자책으로 출간해 보시는 건 어떨까 합니다.

이제 '책'은 위대하고 어려운 내용뿐만 아니라 지극히 일상적이고 단편적인 내용까지 출간이 가능하고 구매자가 있다면 수익까지 기대할 수 있는 시대가 되었습니다.

디지털 시대이기 때문에 가능한 일입니다.

블로그

바님은 책을 출간하기 위한 글쓰기 연습을 블로그를 통해 하고 있다고 합니다. 개인적으로는 종이에 끄적이는 것을 더 좋아하긴 하지만 사진이나 그림을 첨부해서 인터넷상에 글을 쓰는 것도 꽤나 매력적인 작업입니다.

블로그는 카테고리를 쉽게 나눌 수 있어 생각을 정리하기에 편리한 부분이 있습니다. 공개된 일기장과 비공개된 일기장으로 나누어 글을 쓰고 있습니다.

아주 가끔 달리는 댓글을 통해 얼굴도 모르고 한 번도 가 보지 않은 곳에 사는 사람들과 소통을 하기도 한다고 합니다.

서평, 영화평, 나름의 시사평을 세분하여 이것저것 끄적거리는 재미가 꽤나 흥미로운 작업방식 입니다.

가끔 그림일기를 올리기도 합니다.

바님의 그림일기

반상회를 넘어 커뮤니티 시대

한 달에 한 번씩 한 가정에 모여 반상회를 하던 시절이 있었습니다. 요즘 MZ세대들에게는 전혀 낯선 옛날 방식이죠, 디지털 시대에 반상회는 지역을 초월해서 각종 카페로 진화하고 이제는 각종 커뮤니티 시대가 열렸습니다. 각종 동호회, 만남, 모임이 디지털 시대를 맞아 매우 다양화되고 또 세분화되고 있습니다.

초등학생부터 중장년에 걸쳐 다양한 '만남'은 장점도 물론 많겠지만 위험한 단점도 분명 있습니다. 대한민국을 떠들썩하게 했던 'N번방' 사건이 대표적인 예라고 할 수 있습니다. 자살모임에서 만나 실제로 자살을 함께 한 사례도 기사화되었습니다.

일반적이진 않지만 분명 '조심'해야 할 부분입니다. 자녀들의 생활을 일거수일투족 감시할 수 없는 시대이기 때문에 더욱 어려운 부분이기도 합니다.

디지털 시대를 살아야 하는 바님의 목표

아날로그 시대는 공교육과 가정교육을 통해서, 또는 직장생활을 통해 충분히 시대에 적응 가능했습니다.

하지만 디지털 시대는 다릅니다.

물론 2000년대 이후 출생된 세대는 태어나니 디지털 시대였기에 공교육을 통해서도, 일상에서도 자연스럽게 디지털을 접했기 때문에 중년세대가 갖는 디지털에 대한 어려움에 대해서 이해하기 힘들 것입니다. 예외는 있겠지만 90년대들도 청소년기에 디지털을 첨단을 사용한 세대이기에 중년세대들이 갖는 두려움은 없을 것입니다.

60대 이상은 사용하는 기기가 한정되어 있지만 어르신 대상 프로그램을 통해 친절하게 배울 수 있는 기회도 많다고 생각합니다.

그런데 디지털 교육의 사각지대인 4050세대에게 디지털 시대는 가랑비에 옷 젖듯 서서히 시작되었습니다. 급격하게 발전된 디지털 시대를 살아야 하는 중년세대 이상에게는 디지털 기초 교육은 반드시 필요합니다.

바님은 스스로를 '디지털 기초수급자', '디지털 차상위 계층'이라고 생각했었습니다.

전원을 넣는 기계가 고장이 났을 때에 대처하는 방법이라곤 전원을 다시 뺐다 넣는 것 말고 할 줄 아는 것이 없던 바님이었습니다.

그런데 개인의 디지털 역사를 정리하다 보니 디지털은 배우고 활용하기에 따라 매우 친절하고 상당히 편리하게 활용할 수 있는 장점이 많은 친구가 될 수 있겠다는 생각을 하게 되었습니다.

전자기기에 대한 적응력이 대한민국 평균 이하라고 생각하는 바님은 50이 넘어서 시작한 디지털 낙서로 자신이 출판할 전자책 삽화를 그리는 '작가'의 꿈을 꾸고 있습니다. 가장 어렵게 생각하던 기기 문명으로 본인의 꿈을 실현하기 위해 활용하고 있습니다.

젊은 사람들처럼 배움이 빠르지 않고 돌아서면 잊어버리는 통에 자주 좌절하고 포기할까 하는 유혹에 시달리기도 합니다. 50이 넘은 나이에 무슨 짓인가 하는 자조도 해 보고 지금 이런 낙서를 그리고 있을 때인가 하는 자문도 자주 합니다. 하지만 아무리 생각해 봐도 앞으로 10년 후에도 살아 있다면 '그때라도 시작할걸' 하는 후회를 할 것 같아서 포기하지 않겠다고 다짐을 합니다.

모든 일을 직접 대면하며 처리해 왔던 지난 50여 년의 생활습관을 하루아침에 바꿀 수는 없습니다. 사람에게 직접 말하면 될 일을 기계에게 대고 말해야 하고 기계가 누르라는 번호를 누르며 가슴이 답답하고 분노가 치솟아 핸드폰을 집어 던지고 싶은 일이 한두 번이 아니었습니다. 디지털 기기를 잘 다루는 사람들 앞에서 주눅이 들고 상대적 열등감에 시달리던 일도 적지 않았습니다.

하지만 억울한 일들을 인터넷을 통해 세상에 알리는 일(국민신문고)부터 시작하여 말할 힘도 없을 정도로 꼼짝없이 앓다가 어플을 통해 죽을 배달시켜 먹으며 회복하는 경험 등 디지털의 도움을 한 가지씩 받으며 디지털은 두려움이나 원망의 대상이 아닌 가장 친한 벗만큼 인생에 조력자가 될 수 있음을 확신하는 바님입니다.

또 본인과 비슷한 어려움을 겪고 있는 사람들이 생각보다 많다는 것을 알고 더 용기를 내 보기로 했습니다.

어려워도 말고 기죽지도 말고 그렇다고 너무 흡수되지도 말고 어린 아이 목욕시키듯 조심스럽게 하지만 당당하게 겪으며 살아내 보자고 바님은 다짐해 봅니다.

이제 100세 시대를 넘어 120세 시대가 열린다고들 합니다. 장수가 축복이 될지 재앙이 될지는 개인의 역량에 따라 결정될 것 같습니다. 복지제도가 지금보다 발전한다고 해도 정책은 한계가 있을 테니 말입니다.

경제적 자유를 누리며 **노인이 되어서도 할 수 있는 '일'은 디지털을 통해 가능**할 것 같습니다. 아무 준비도 없이 늙다가는 젊은이들이 말하는 '틀딱충'(틀니를 낀 늙은이를 표현하는 신조어)이 되겠다 싶은 생각도 듭니다.

경제적 자유가 가장 중요한 일이긴 합니다만 경제적 자유가 있다하더라도 노년에는 아무래도 혼자 있는 시간이 절대적으로 많아지고 일을 할 수 있는 시간보다 하지 못하는 시간이 많아질 것입니다.

디지털의 세계는 알면 알수록 무한합니다.

유튜브 채널을 통해 스타가 된 박막례 할머니,

가전제품을 좋아하던 주부의 성공 사례,

집 안 정리하는 것을 좋아하는 부산의 평범했던 40대 주부 이야기,

개인 블로그에 소소한 살림방법을 소개하여 책까지 출간하여 작가가 된 사례까지 일반인들의 성공사례는 다양합니다.

꼭 '성공'하기 위해서가 아니라 **앞으로 올 나의 '노인 시대'를 위해 물**

리적인 힘이 들어가지 않는 디지털의 활용한 취미생활 한 가지 정도는 준비하면 좋지 않을까 하는 생각을 합니다.

지금부터 주위를 둘러보면 디지털을 활용하여 할 수 있고, 하고 싶은 일을 발견할 수 있을 것입니다. 발견했다면 바로 시작해 보시는 것을 제안 드리고 싶습니다.

컴퓨터 본체를 조심스럽게 밀면 고쳐지는 줄 알았던 디지털 바보가 태블릿으로 그림을 그리며 작가의 꿈을 '감히' 꾸고 있는 시대가 왔습니다.

주변에서 디지털로 어떠한 변화가 일어나고 있는지 주의 깊게 관찰하고 영감을 얻기 바랍니다.

어린 시절 소풍을 가면 빠짐없이 하던 '보물찾기' 놀이를 기억하시나요? 주변을 샅샅이 찾다 보면 선물이 쓰여 있는 쪽지를 발견하게 되죠. 그 선물은 사람에 따라 '별거'일 수도 '별거 아닐 수도' 있습니다. 주변에 이미 널려 있는 디지털 방식이 디지털 기기가 누군가에겐 '보물'이 될 수 있습니다.

4050세대의 '디지털 보물찾기', 이제 시작입니다!

디지털은 결국 나와 세계를 '연결'하는 새로운 방식입니다.

직접 만나서 얼굴을 보고 또는 목소리를 들으며 상대의 감정 변화를 인지하며 소통했던 방식이 아닌 디지털 기기를 통해 이웃과 세계와 소통하는 방식이라고 바님은 생각합니다. 중요한 것은 결국 '사람'을 위한 방식이며 '사람'을 이롭게 하는 새로운 방식이라는 거죠.

조금 더 잘 다루고 조금 더 잘 활용하는 사람들이 있고 조금 늦은 사람들과 익숙하지 못한 사람들도 있습니다.

서로 존중하고 배려하는 자세가 요구된다고 바님은 생각합니다.

글 처음에 미리 언급했지만 이 모든 생각은 지극히 주관적임을 다시 한번 말씀드립니다.

7

아날로그를 사랑하던
그녀의 변화

김영숙

메타버스 강의장과 상담실을 꿈꾸다

다시 시작

나를 품어 주면 세상을 품을 수 있어요

당신의 성공기억을 떠올려요

나와 친해지기, 나를 잘 알기

나를 든든히 세우는 습관을 만들어 가요

아날로그를 사랑하는 사람입니다. 그럼에도 불구하고 제가 회사를 퇴사하고 가장 먼저 한 일은 핸드폰을 최신 폰으로 바꾸는 것이었습니다. 신기술로 무장해야 프리랜서로서 연락망과 일에 빠르게 접근할 수 있을 거라 기대했기 때문입니다.

실제 그 예측은 맞았습니다. 강의 및 상담 요청에 대한 연락을 주고받을 때 신속해졌습니다. 하지만 사적인 시공간 영역이 보존되지 않아 불편하기도 했습니다.

카카오톡을 처음 사용했을 때의 일입니다. 제가 카카오톡을 깐 것이 실시간으로 뜨는지 학생들이 저에게 온라인으로 말을 걸기 시작한 겁니다. 민망했습니다. 대학생들이 온라인 세상에서 말을 걸어올 때 편안한 복장의 사적인 공간에서 대화를 주고받는 생경한 느낌이 들었거든요. 생경한 느낌 때문에 너무나 어색했는데 이제는 아무렇지도 않게 업무용으로 사용할 정도로 잘 적응했네요.

카카오톡을 실시간으로 응대하는 것이 힘들어서 알람을 꺼 두고 일정 시간에만 확인하고 답하면서 핸드폰은 아이들 장난감이라고 생각하며 살았습니다. 어느 날 온라인 시장이 확장되는데 제가 온라인에서 활동을 하지 않으면 일터가 없어질 수도 있다는 걸 인지합니다. 식당이 버젓이 눈앞에 있어도 온라인에 리뷰가 없으면 고객이 찾지 않을 수 있다는 것에 충격을 받았기 때문입니다. 생존의 문제이니 적응해야 했습니다.

무얼 시작해야 할까 고민하다가 유튜브에 눈을 돌렸습니다. 유튜브를 시작하게 된 건 순전히 대학생들의 권유 때문이었습니다.

"선생님, 한 번만 만들어 보세요. 그냥 시작하세요."

'목표관리' 수업시간에 올해 각자가 해내고 싶은 일들에 대해 발표를 하다가 제가 유튜브를 어떻게 해야 할지 모르겠다는 고민을 털어놓자 학생들은 위의 조언을 해 준 거죠. 그 말에 용기를 내어 영상 1개를 만들고, 2개를 만들었어요. 첫 시작이 어려웠을 뿐 정말 조금씩 진전이 있었습니다. 코로나19가 시작되어 모든 수업을 온라인으로 전환하면서 유튜브 영상을 만들 시간이 턱없이 부족하게 되었습니다. 본의 아니게 더 이상 영상을 올릴 수는 없었지만 아직도 여지는 있습니다.

저의 두 번째 도전은 인스타그램이었습니다. 인스타그램 관련 마케팅 책을 읽고 관련된 강의들을 수강하며 인스타그램 활동을 시작했습니다. 인스타그램을 하지 않는 것은 온라인 생존신고를 하지 않는 것이라는 생각으로 간절히 시작했습니다. 생각만 했던 것을 실천으로 옮기기가 쉽진 않았지만 일터를 온라인으로, 온라인에 집짓기를 본격적으로 시작한다는 뿌듯함은 있었습니다. 1년간 시험적 실험을 했습니다. 나쁘지 않았습니다. 제 계정은 최근 반년 이상 멈춰 있었지만 제 지인들의 인스타그램 시계는 계속 돌아가고 있더군요. 지속적인 성장세를 만들어 온 그분들을 보며 자극받아서 내년에 다시 시작할 생각입니다.

온라인 수업을 재밌게 효과적으로 진행하기 위해서 온라인 수업 진행방식을 배우고 접목했고, 그 결과 온라인에서 소통하며 강의를 할 수 있었습니다.

해외 선교를 꿈꾸던 시절, 해외에서 선교를 하면서도 소득을 벌어들일 수 있는 방법은 무얼까 생각하다가 온라인 화상 상담을 생각해 냈습니다. 제 이야기에 상담 전공자분들은 의문을 표했고 상담은 직접 만나서 해야 하는 것이라서 온라인 상담은 무리라고들 말리셨습니다.

코로나19가 발생한 이후 상담계에서는 온라인 상담의 필요성을 인지하고 온라인 상담을 원활하게 진행하고 있지요. 저 역시 온라인에 상담실을 연다는 생각으로 시작했습니다. 대면을 희망하시면 대면을 하지만 온라인 상담은 준비시간이 없기 때문에(이동, 상담실 예약시간, 노쇼가 적음) 훨씬 수월해서 많은 분들이 온라인을 선호합니다. 온라인으로 상담을 진행하면서 대면상담과 유사한 효과를 내기 위해 최선을 다했고 적응하기 위해 노력했습니다. 지금도 온라인 상담은 진행 중입니다.

메타버스 강의장과 상담실을 꿈꾸다

메타버스 이야기는 많이 들어 보셨을 거예요. 메타버스는 누구에게나 열린 기회의 땅입니다. 웹 세상이 어플 세상으로 바뀌어 간다는 이야기가 과거가 되고 그 어플 세상이 메타버스 공간으로 연결해 주고 있습니다. 실제 우리 일상에는 메타버스가 깊숙이 들어와 있어요. 저는 이 메타버스 공간에 강의장, 상담실을 만들 계획입니다.

메타버스는 익명성이 보장되기 때문에 자신을 드러내지 않고 자유롭게 활동할 수 있는 온라인의 특수성에 재미적 요소가 더 가미된 공간입니다.

'메타버스에 접속해야지 활동할 수 있는데…' 하는 마음만 먹고 실천을 하지 못하는 저를 보면서 긴급한 당위성을 만들어야겠다는 생각을 합니다. 저를 할 수 밖에 없는 상황에 내몰기. 마침, 중학교에서 진로수업을 재밌게 만들어 줄 수 있느냐고 요청이 들어왔고 메타버스를 접목하면 재밌게 할 수 있다는 지인의 말에 눈이 번득입니다. 진로는 자신이 있지만 메타버스는 지식적으로만 알지 접속해 본 적이 없으니 저에겐 다른 세상이었어요.

게임은 아르바이트 할 때 팀장님이 같이하자고 권유하셔서 했던 파이터게임 1시간이 제 인생의 전부이니 말 다했죠. 그 흔한 앵그리버드도, 테트리스도 하지 않았으니까요. 메타버스를 잘하시고 중·고등학교 수업에 능통한 선생님께 같이하자고 부탁을 드리고 함께하는 선생님께 누가 되지 않도록 제가 알아야 하는 것들을 준비하기 시작합니다. 메타버스 세상에서 원활하게 활동하며 잘 놀아야 하는데 게임을 전혀하지 않았던 저는 손놀림이 무척이나 어려웠고 아바타를 어렵게 움직이는 걸 보더니 고등학생 아들이 한 수 가르쳐 줬습니다.

메타버스에 능통한 선생님께 특급 과외도 받습니다. 그럼에도 불구하고 수업에 들어갔는데 아이들은 "와!" 하면서 신나게 노는데 제 캐릭터는 여전히 삐거덕삐거덕합니다. 다행히도 메타버스 체험을 흥겹게 한 아이들은 이렇게 재밌는 진로 수업이라면 또 듣고 싶다고 하더라고요. 담당선생님도 만족하시고요. '할 수 있을까?'라고 생각한 영역의 도장 깨기에 성공한 셈입니다. 곧 강의장과 상담실도 만들 수 있길 기대합니다.

다시 시작

오랜만에 지인을 만났는데 저에게 유튜브를 하라고 권유하셨습니다. 이미 시작한 채널이 있지만 쉬고 있다고 하니 더 열심히 권유하십니다. 해야 하는 건 아는데 이 일, 저 일로 바쁘다 보니 3년 가까이 쉬고 있는 채널인데 먼지 털고 닦고 시작해야겠지요. 자신은 없는데 말하면 할 수 있을 것 같아서 감히 이곳에 말합니다.

제 게으름 치료에는 당위성이 약이라는 걸 잘 알고 있습니다. 저의 저서 『내게 맞는 일을 하고 싶어』에 도움을 받으신 분들의 소감을 떠올리며 제 도움이 필요한 분들께 용기를 드릴 수 있도록 분발해야 한다고 마음에 당위성을 불어넣어 봅니다.

인스타그램에는 일상의 지인들과 인스타그램에서 만난 분들이 있습니다. 일상의 지인들은 대면에서 만나니 상관없지만 온라인에서 만난 분들은 이 공간에서 활동해야 지속적으로 만날 섭점이 생깁니다. 인스타를 시작하기 어려울 때 이 온라인 친구들의 격려와 응원이 큰 힘이 되었습니다. 계속 가까이하고 싶은 사람들입니다. 게다가 이들의 인스타그램 계정이 성장하고 변화하고 날아오르는 걸 봐 왔기 때문에 이 공간의 매력이 얼마나 큰지 저는 잘 알고 있습니다. 현재 그리고 미래에 만나야 하는 수많은 사람들은 계속 온라인 공간에 들어올 텐데요. 계정 활동을 반년 이상 하지 않았는데도 이 글을 쓰는 지금 상담을 받을 수 있는지 연락이 오는 걸 보면 활동을 재개해야 합니다.

제가 온라인 강의장을 만들어야 하는 이유를 생각해 봅니다.

온라인 수업을 듣던 대학생이 이런 강의를 같은 학교 학생이 아닌 다른 사람들이 들을 수 있냐고 물었습니다. 개인 강의를 열어서 활동하지 않았던 시기였는데 그 이야기에 착안해서 다음 해에 인스타그램 계정에서 홍보하여 온라인 진로 강의를 열 수 있었습니다. 이제 그 확장으로 제가 출강하는 학교나 기관이 아니어도 어디에서나 저를 만날 수 있는 공간을 만들어 가려 합니다. 저를 필요로 하는 사람들을 만나기 위해 부단히 걸어가야겠습니다.

나를 품어 주면 세상을 품을 수 있어요

행복하고 존엄한 삶은 내가 결정하는 삶이다.

- 페터 비에리, 『자기 결정』 중에서

당신이 해야 할 일이 있는데 즐거운 일이지만 고통스럽습니다. 그렇다면 어떻게 그 일을 하실 건가요?

저에게는 글쓰기가 그렇습니다. 즐거움이고 고통이죠. 2가지 전략을 놓고 고민했습니다.

① 나는 나와 싸우면서 글을 쓴다.
② 나는 나를 달래면서 글을 쓴다.

어떤 방법이 좋았을까요? 당신이라면 어떻게 하시겠어요? 결과에 대해 말씀드리기 전에 해와 바람이 나그네를 두고 내기를 했던 우화를 생각해 보겠습니다. 해와 바람이 길을 가던 나그네가 외투를 벗도록 하는 내기를 합니다. 바람은 세찬 바람으로 나그네의 외투를 벗기려 하지요. 나그네는 있는 힘껏 옷깃을 여미면서 저항하여 바람의 미션은 실패. 이번에는 해가 나섭니다. 해는 따뜻한 햇볕을 나그네를 향해 비추고 나그네는 그 빛에 몸이 더워져서 외투를 벗게 됩니다. 결국 세찬 바람보다 따뜻한 해가 이기는 것으로 내기는 끝나죠. 다시 질문으로 돌아갑니다.

어떤 방법이 유익했을까요?

맞습니다. 저를 달래면서 글을 쓰는 것이 효과적이었습니다. 힘들어하는 제 마음을 읽어 주고 괜찮다고 격려해 주기가 글자 하나, 문장 한 줄 완성에 더 큰 힘을 주었습니다.

이 글을 읽게 될 당신을 상상했고, 디지털 소통에 어떤 어려움이 있을지 어떤 도움이 되어 드릴 수 있을지 생각했습니다.

중년의 시기는 안정을 추구하는 시기로 사회적 관계, 친구들도 나와 맞는 사람들만 만나고 싶고, 쌓아 온 재력을 유지하고 싶고, 모험보다는 안정을 추구합니다. 자신도 모르게 한정된 환경을 만들어 갑니다. 중년의 여성에게는 안정을 추구하지만 버티기 어려운, 혼란 가운데 있는 시간이기도 합니다.

폐경이 시작되어 매월의 달거리를 맞이하지 않는 홀가분함과 끝나 버린 젊음에 대한 슬픔과 활활 타오르는 갱년기로 몸과 마음이 어지럽습니다. 이 가운데 맞이하는 디지털 시대의 혼란은 어떤 크기일까요? 몸은 마음을 따라 주지 않는데 디지털 세상은 변화를 요구합니다.

식당, 레스토랑, 영화관, 카페 곳곳에 있는 키오스크, 사람 냄새가 줄어드는 공간들을 보면 내가 뒤처질까 두렵고 무식해진 것 같아 걱정입니다.

이제는 식권 구매도 종이가 아닌 어플으로 해야 하니 어플을 사용하지 못하면 밥도 못 먹습니다. 키오스크에서 카드를 갑자기 인식하지 못해서 한 턱 내려다 ○○페이가 되는 사람이 되레 사 주시기도 하는 당황스런 상황들은 사라지지 않고 계속 밀려옵니다.

현명하고 유식하다고 생각한 나도 그런 신기술에 뒤처질까 두려우신가요? 하지만 뒤돌아보면 우리는 웹 세상을 받아들이고 타자기가 아닌 컴퓨터를 사용하고 컴퓨터 독수리 타법을 넘어서 유연하게 치게 되었고 스마트폰도 먼저 연 세대의 주인공입니다. 그러니까 이번 디지털 세상에서 살아남기도 어렵지 않을 거예요. 그렇게 생각해도 어려우시다고요?

그래요. 남들은 다 잘하는데 나만 헤매서 곤란했던 기억이 떠오릅니다. 당신에게도 그런 기억이 하나 정도는 있겠지요.

당신의 성공기억을 떠올려요

제가 불러들인 기억은 '첼로'였습니다.

지역 교회에서 악기를 배우고 싶은 사람들을 모집해서 오케스트라 공연을 올리는 프로젝트였는데 저는 뒤늦게 참여해서 첼로 현의 도레미파솔 위치도 모르는 상태로 합주 연습에 들어갔습니다. 아무것도 모르는데 첼로를 켜는 척을 해야 하니 가슴이 답답하고 이해가 안 되어서 머리가 돌아 버리는 줄 알았습니다. 다들 걷고 있는데 이제 땅에 다리를 딛는 저는 다른 소리가 날까 봐 겁은 나는데 활 켜는 시늉은 해야겠고…. 그때 갑자기 바보가 된 것 같았습니다. 그들은 자기들의 언어로 이해하는데 저는 알 수 없는 외계어를 에이, 비이, 씨이 떠듬떠듬 읽는 듯한 느낌.

그 느낌에서 벗어나고 싶어서, 잘하고 싶어서 연습에 연습을 더했습니다. 좋지 않은 자세로 연습해서 나중엔 침 치료까지 받을 정도로 하던 어느 날 소리가 좋아졌다, 잘한다는 소리를 듣게 되었고 먼저 시작했던 사람들의 실력과 비슷해지게 되었습니다.

그때의 먹먹함과 희열은 무언가에 시작할 때마다 도움닫기의 한 장면처럼 떠올라 이렇게 말을 걸어 옵니다.

"그때도 해냈는데 이걸 못 하겠어?"

그렇습니다. 당신의 성공기억을 떠올려 보세요. 잘해 냈잖아요. 힘든 시기에도 꿋꿋하게 견디고 버텨서 이곳까지 왔잖아요. 지금 어떤 상황인가요? 디지털 친화적이어야 하나요? 잠시 쉬어야 할 정도로 지쳤나요? 아니면 반쯤 눈 감고 싶은가요? 신발 끈을 이제 묶었는데 KTX 속도로 따라가야 하는 건 아니잖아요. 잠시 멈추고 디지털에 발맞춰 가도 좋고, 자연인으로 살아도 좋잖아요. 내 속도에 맞춰서 일상을 매만지는 것도 괜찮습니다. 내게 괜찮다고 말해 줄 수 있어야 합니다.

디지털 친화적으로 지내거나 선택적 친화를 택하든지 해 보지 않은 것을 시도하는 것은 에너지가 필요한 작업입니다. 몸과 마음을 움직이게 만드는 힘이 필요합니다. 물체를 움직이려면 에너지가 가해져야 한다는 건 잘 아실 거예요. 여러분이 컵을 들어 올리는 힘이 있어야 컵으로 물을 마실 수 있습니다. 힘을 가하지 않으면 움직이지 않죠.

우리의 내부의 힘도 동일합니다. 지속적으로 동기부여를 하지 않으면 내면의 타이어는 부풀지 않습니다. 바람 빠진 상태가 되는 겁니다. 새 바람을 타이어에, 타이어가 낡았으면 새 타이어로 바꿔서 바람을 채워 줘야 합니다. 무엇으로 내게 펌프질을 해 줄 것인지 나를 움직이게 할 동력을 무엇으로 할 것인지 생각해 봅니다. 누구에게는 상상, 누구에게는 즉각적인 보상 등 다양하죠. '쉼 없는 자동펌프는 없을까?' 하는 생각이 드시지요? 성능 좋은 자동펌프로 '습관'을 제안합니다. 습관을 동력으로 만드신다면 원하는 현재를 만드실 수 있을 거예요. 습관을 만든다는 의미는 뇌에 새로운 길을 만드는 겁니다. 왕래가 빈번한 길은 탄탄대로가 되지만 인적이 드문 길은 잡초가 무성하여 길의 흔적을 찾기가 어렵습니다. 탄탄대로를 만들어 갈 때 어떤 감정으로 만들어 가는지 여부가 습관에 대한 감정을 만들어 가겠지요. 사랑과 공감 속에 나를 키우고 있는지 다정하게 나를 대하며 습관을 만들어요.

아이 혹은 반려동물, 반려식물과 함께하고 계시나요? 잘 자라게 하려면 어떻게 하고 계신가요? 어떻게 키우면 잘 자랄까요? 아마도 '예뻐해 주기', '애정을 주기'라는 말을 떠올리셨을 거예요. 맞습니다. 사랑으로 키웁니다. 말에 에너지가 있다는 실험 이야기는 들어 보셨을 거예요.

MBC에서 한글날 이벤트로 말 에너지에 대해 실험을 진행했습니다. 일정 기간 동안 밥1에 이쁜 말들 "사랑해", "이뻐", "좋아" 긍정의 말들을 해 주고 밥2에는 "미워", "싫어" 부정의 말들을 해 주었습니다. 그 후에 정말 놀라운 일이 일어났습니다. 긍정의 말을 들은 밥은 발효가 되었고 부정의 말을 들은 밥은 심하게 부패하였습니다. 세상에서 나를 가장 자주 만나는 사람은 나입니다. 그런 나에게 오늘 어떤 말을 해 주고 있나요? 나에게 어떤 에너지를 주는 사람들을 가까이하시나요?

나를 믿는다는 건 참 어려운 것 같습니다. 잘난 모습, 못난 모습도 제일 잘 알고 있으니까요. 어떤 사람인지 너무나 잘 아니까 무얼 잘해 낼지 자신감을 주는 일도, 실망시키는 일도 너무나 쉽게 합니다. 그런 나를 품어 주는 거예요. 알을 품듯이 인큐베이터처럼 적정한 온도와 습도를 신생아에게 제공하면서 나를 품습니다. 아이를 품어 주듯이 나를 따뜻하게 봐 주고 말 걸어 주고 쓰다듬어 줍니다. 디지털을 잘해 내길, 디지털에 약해지지 말기를, 흔들려도 괜찮다고 다독여 줍니다.

나와 친해지기, 나를 잘 알기

자아 정체감이 높아질수록 불안은 감소한다고 합니다. 자아 정체감은 '나는 이러저러한 사람이야'라는 인식을 갖는 겁니다. 평소에 자기가 무얼 좋아하고, 무엇을 잘하고 어떤 것을 가치 있게 생각하는지 정리해 놓으면 자아 정체감이 높아져요. 자기인식을 하고 스스로의 감정 상태를 인정하고 알맞은 행동을 하면 자존감이 높아져서 새로운 도전, 길 앞에서 당당하게 선택하고 행동할 힘이 생깁니다. 디지털 기기를 잘 다

룰 수 있을까? 하지 않아도 될까? 고민, 불안이 줄어드는 건 덤이고요.

나의 동기, 욕구, 내재된 두려움을 알고 그에 따라서 하게 될 선택을 존중해 줍니다. 내가 나를 존중할 의무와 존중 받을 권리에 대해 생각해 봅시다. 나를 타인처럼 배려하면 어떤 일이 내 안에 생겨날까요?

하버드 대학교 교수 윌리엄 새들러는 『서드 에이지, 마흔 이후 30년』에서 마흔 이후 성장을 위해 6가지를 제안하는데 그중 한 가지가 "진지한 성찰과 과감한 실행의 조화를 이루라."입니다.

디지털에 대한 나의 생각을 돌아보고 행동하면 건강한 성장에 도움이 되겠습니다. 지금 원하는 한 가지는 무얼까요? 저나 당신의 마음은 동일할 것으로 생각합니다.

"잘 살고 싶다", "잘 지내고 싶다." 맞지요? 희망사항이 잘 채워진 일상인가요? 그렇지 않다면 한켠의 불편한 마음의 원인은 무엇일지 살펴보는 겁니다.

희망하는 자아상은 무엇인가요? 자아상은 자신이 어떤 사람이고 싶은가에 대한 생각입니다. 자신의 삶이 내외적으로 조화로울 때, 자신이 되고 싶은 모습으로 살아갈 때 만족할 수 있습니다. 자아상과 자기 삶이 일치하지 않을 때 우린 만족하기가 어렵죠. 자신에 대해 안다는 것은 어떤 의미일까요. 그리고 이상과 실제의 자신의 모습이 너무 달라서 괴롭다면 어떤 마음이 있는지 내 안의 욕구를 찾아봐야 합니다.

애니어그램 심리검사에서는 사람을 욕구별로 9가지 유형으로 분류

합니다.

사랑받고 싶은 사람들은 사랑받지 못할까 두렵습니다. 그래서 더 많은 사랑을 나눠 줍니다. 디지털 세상에 적응하기가 더 많은 사랑을 나눠 주는 데 필요한가, 내가 사랑받을 수 있는가가 중요할 겁니다.

성취로 인정받고 싶은 사람들은 유능하지 못할까 걱정이 있습니다. 그래서 디지털이 내게 성공을 줄 것인가, 유능해지는 데 도움이 될까를 고민하겠지요.

자신을 특별한 사람이라고 자부하는 사람은 평범해 보이는 것을 두려워합니다. 디지털이 나를 독창적으로 보이게 해 줄지가 관건일 겁니다.

지식을 많이 알고 싶고, 지혜롭고 싶은 욕구가 강한 사람은 지식이 없음을 두려워합니다. 무엇이든지 잘 알고 있는 사람으로 보여 줄 수 있을지가 중요할 겁니다.

안전하고 싶은 욕구가 강한 사람들은 디지털을 하는 것이 안전할지, 디지털을 하지 않는 것이 안전할지에 대해 생각할 겁니다.

늘 즐겁고 낙관적으로 보려는 사람은 고통을 마주하는 것이 두렵습니다. 디지털이 항상 즐겁고 유쾌한 것을 가져다줄지가 중요할 겁니다.

카리스마가 강한 사람은 통제 당하는 것을 두려워합니다. 디지털이 자신의 강한 힘을 발휘하는 데 도움이 될지 여부를 고려하겠지요.

평화의 욕구가 강한 사람은 평화를 잃는 것에 대한 두려움이 커서 갈등이나 긴장을 피합니다. 디지털 사용 여부가 내면의 혼란을 일으킬지 아니면 타인과 원만히 지내는 도구가 되는지 여부가 중요할 겁니다.

매사에 완벽을 추구하는 사람은 완벽하기 위해 노력합니다. 디지털이 완벽한 세상을 이루는 데 도움이 될 도구인지가 중요할 겁니다. 디지털을 가까이할지 말지, 얼마나 가까이할지 고민할 때 자신의 욕구가 무엇인지 안다면 현명한 사용범위를 결정할 수 있습니다.

그렇게 자신의 욕구를 인지하면 현재 힘들고 스트레스 받는 원인을 알게 되고 해결할 방법이 보입니다.

"나를 알면 여유가 생겨." 아는 강사님이 하신 말인데 공감이 되었습니다. 나를 알면 나를 배려하게 되고 인정하게 되고 내게 중요한 것과 그렇지 않은 것을 구분할 수 있고 내가 할 수 있는 것과 할 수 없는 것을 구분합니다. 타인을 대하는 시선도 깊어지고 '왜 저럴까?'의 시선이 '그럴 수도 있지.'로 바뀔 수 있습니다. 스트레스도 덜 받고요.

모두가 앵그리버드를 하던 시절도 묵묵히, 포켓몬 고를 외치며 거리를 다니는 사람들도 지나치고, 지하철에서도 심심찮게 게임을 하는 사람들이 점점 많아져도 관심이 없었습니다. 제가 게임에 무관심했던 이유는 하고 싶지 않다는 마음도 있지만 몰라도 잘 살 수 있다는 개똥철학, 믿음 때문이었습니다. '게임보다 더 재밌는 게 얼마나 많은데'라는 생각 때문에 게임을 하지 않았죠.

나의 선택에 대해 가장 지지해 주는 사람은 나입니다. 내가 게임을 가까이하지 않겠다고 마음먹은 나를 지지해 주고 격려해 줘야 내 안의 힘이 자랍니다. 게임을 하지 않았다는 것이 결코 제 자랑은 아닙니다.

하지 않아도 당당할 수 있었던 힘에 대해 말씀드리고 싶습니다. 물론 그 결과 잃는 것도 있습니다. 게임을 좋아하는 세대들과 더 밀접한 소통, 그들이 사용하는 단어 사용은 어렵습니다. 그러다 보니 얼마 전 메타버스에서 캐릭터를 이동시키고 놀이수업을 짜는데도 한계가 있더군요. 뭐, 그래도 게임하는 법을 이제 배우면 되니까요.

강사라면 누구나 한다는 "페이스북을 안 하고 뭐 하느냐"라는 말을 자주 들었습니다. 그로부터 10여 년이 흐르고 SNS로 활동해야겠다고 마음먹었을 때 든 생각은 '아차차, 너무 무심했구나'였습니다. 페이스북, 블로그 등을 통해 이전에 활동을 시작한 강사들은 엄청나게 큰 사람으로 보였습니다.

자기 합리화일 수도 있겠지만 저는 그들이 커다란 성을 쌓을 때 마음 편히 지냈으니 이제 시작하면 된다고 생각했습니다. 그들이 높이 위로 성을 쌓는 동안 저는 그들과 다른 노력을 했으니 그 힘을 믿기로 했습니다. 그리고, 신기술에 뒤돌아 있던 마음 편히 지냈던 시간의 힘을 믿기로 했어요.

당신은 지금 어떤 마음인가요? 디지털 이용을 잘하고 싶은데 안 되나요? 무심하고 싶은데 무심하지 못해 괴로운가요? 이번이 작은 시작이 될 수도 있습니다.

카타르 월드컵에서 한국이 16강을 진출할 수 있을 거라고 아무도 예측하지 못할 때 영화 같은 장면을 연출해 낸 선수들을 기억하실 겁니다. 그들도 작은 공차기가 시작이었고 무수히 많은 공차기로 큰 무대에 설 수 있는 오늘이 생긴 겁니다. 그러니 한 번의 도전도 좋고 한 번은 눈감고 무심해지는 것도 자신의 안정을 위해 중요한 기회입니다.

당신의 오늘의 시도가 당신과 세상을 이어 주는 고리가 될 겁니다. 더 나은 모습을 만들어 갈 거예요.

나를 든든히 세우는 습관을 만들어 가요

뇌의 특성은 익숙한 것을 좋아해요. 한번 습관을 만들면 그대로 지속시키는 힘이 있죠. 그럼 습관은 바꿀 수 없는 걸까요? 뇌는 가소성이라는 특징이 있어서 만들어 가는 방향대로 다듬어집니다. 좋은 습관은 좋은 결과를 나쁜 습관은 나쁜 결과를 낼 수밖에 없겠죠. 무척 재밌는 사실은 익숙한 것을 좋아하는 뇌가 새로운 것도 좋아한다는 겁니다.

습관을 만들어 갈 때는 뇌를 잘 달래 주면 좋은 습관을 길들이는 데 효과적입니다. 익숙한 것에 새로운 것을 살짝 덧입혀서 슬며시 물들이도록이요.

무언가 불안하다면 원하는 것이 무엇인지 탐색이 필요합니다.

성장해도 좋고 그렇지 않아도 좋고, 내게 맞는 선택을 하고 밀고 나갈 힘을 끌어올립니다. 그럴 마음 근육이 필요하다면 무엇을 어떻게 해야 할까요.

정신 근육에 필요한 코어 힘을 키워 보는 겁니다. 강력한 시스템을 만듭니다. 흔들리지 않는 지속성을 만들고 싶다면 나와 나를 둘러싼 환경을 살펴봐요. 내 안의 씨앗들은 외부의 환경과 함께 자기 빛깔을 만들어 갑니다. 하모니를 이루며 나를 알아 가는 여행은 평생 이어집니다. 사실은 자신을 찾아가거나 알아 가는 과정은 프리즘 같은 겁니다. 외부의 빛과 자극이 있어야 비로소 색을 내는 것처럼 특정 상황에서 우린 더 잘 배우고 성장하고 자신을 알아 갑니다.

나는 누구이고, 무엇을 가치 있다고 여기고, 무엇으로 어떤 상태에서 만족하는가? 어떤 상태가 되지 않아도 살아 있는 존재 자체로 자족할 수도 있겠고요. 나의 가족, 친구, 직장, 모임 등 나를 둘러싼 환경에서 어떤 방식으로 적응하며 살아왔는지 살펴봅니다. 앞으로는 어떻게 하면 좋을지를 생각해 본다면 겹겹의 정신 근육을 만들 수 있을 겁니다.

뇌에 영양제를 주셨나요? 아무리 성능 좋은 최신 폰도 배터리가 없으면 실행이 안 되는 것처럼 우리의 몸이 건강하려면 뇌에 적절한 영양이 공급되어야 해요. '새로운 시도를 할까, 말까?', '어떤 시도를 할까?', '하지 않으면서도 내 안에 안정성을 주려면 어떻게 할까?' 등 이런 생각과 행동은 우리에게 기존 방식과 다른 것들을 요구합니다. 이것들을 순조롭게 해내도록 도와주려면 뇌의 작동방식에 신규에너지 공급이 필요합니다. 뇌에 입력, 저장, 재생까지 부드럽게 되도록 돕는 것은 무엇인지 보겠습니다. 뇌가 원활하게 움직이려면 적절한 영양이 공급되어야 하겠지요. 오늘 무엇을 드셨나요?

무엇을 먹느냐에 따라 뇌의 신경전달물질의 분비가 달라지고 그에 따라 우리의 감정이 달라집니다. 뇌 신경전달물질의 세로토닌, 가바, 도파민에 대해 알아볼게요. 목표를 세우고 나쁜 습관을 피하고 싶다면 세로토닌을 추천합니다. 세로토닌은 심리적 안정감, 행복감을 가져오는 신경전달물질입니다. 의지력, 활동 의욕, 기분을 향상시키죠. 세로토닌이 부족하면 기억력이 감퇴되고 불안감, 강박, 우울증, 불면증 등이 나타납니다.

세로토닌을 충전하려면 체내에서 세로토닌으로 변하는 필수 아미노산인 '트립토판'을 섭취해야 합니다. 트립토판 함유식품은 닭고기, 오리고기, 동물의 간, 달걀, 효모, 메밀, 씨앗, 우유, 요구르트, 아보카도, 바나나 등입니다.

마음의 평온함, 인내심을 갖고 싶다면 가바를 추천합니다. 가바가 부족하면 떨림, 발작, 불안감, 피로감, 감기 몸살, 두통이 생깁니다. 뇌세포대사를 촉진시키는 '가바' 함유 식품은 토마토, 양배추, 표고버섯, 감자, 가지, 오이, 귤, 유자, 포도, 발아 현미 등입니다.

쾌감, 성취감, 활기를 가져오는 신경전달물질인 도파민은 나쁜 습관을 고치는 데 꼭 필요합니다. 도파민이 부족하면 무기력감, 우울증, 파킨슨 병 등이 옵니다. 도파민을 충전하려면 도파민을 생성하는 아미노산 타이로신을 섭취합니다. 타이로신 함유식품은 바나나, 사과, 키위, 생선, 명란젓, 콩, 견과류, 치즈, 유제품 등이 있습니다.

오늘 이 식품 중에서 몇 개를 드셨을까요? 이 글을 쓰는 오늘 식탁을 점검했는데요. 현미, 견과류, 귤, 달걀, 요거트를 확인했습니다. 식탁을 통해 몸과 마음의 건강을 관리하시길 바랄게요.

뇌에서는 감정, 생각, 경험을 전제로 전두엽에서 이성적 사고 경험에 근거해서 판단하는데요. 습관은 이런 과정들을 생략하게 만들죠. 때문에 좋은 습관은 계속 일상에 도움이 되고 나쁜 습관은 일상을 더 나빠지게 만들어요.

저는 습관을 뇌에 길을 만들어 가는 과정이라고 부르는데요, 여러분은 어떤 습관을 가지셨나요?

습관을 만들어 가는 과정 3단계

촉발인자가 있고 이를 해결하기 위해 행동하게 되고 그 결과가 나옵니다. 불안한 느낌은 걱정하는 행동을 촉발할 수 있어요. 악순환이 시작됩니다. 예를 들어서 일을 잘하지 못할까 걱정이 되어서 미룹니다. 미루면 그 일을 하지 않아서 잠시 걱정은 하지 않지만 결국 시일이 촉박해져서 일을 못 하게 될 가능성이 높아집니다. 결국 미루면 일을 잘 못하게 될 가능성을 높이는, 슬프고 뼈아픈 현실을 맞이합니다.

뇌가 불안을 맞닥뜨릴 때마다 걱정하는 습관을 들이지 않는 한 걱정하는 행동은 많이 이뤄지지 않는데 실제로 걱정을 해서 문제를 해결하는 방법을 얼마나 떠올릴까요? 뇌는 어느 시점에서 문제 해결과정을 연계시켰고 걱정이 최선의 길이라고 생각해요.

부끄럽지만 제 이야기를 하겠습니다. 제가 바로 미루기의 전형적인 예시의 사람입니다. 일을 잘하고 싶은 마음이 정말 간절합니다. 완벽하게 해내고 싶죠. 완벽하게 해낼 수 없을 것이 싫어서 일을 미룹니다. 완벽하게 해낼 수 있기를 바라면서요. 이해가 안 되실 겁니다. 이런 사고와 행동이 지속되죠. 완벽하게 하지 못할까 미뤘던 시간들로 인해 정말 해야 할 일을 할 시간이 부족해져서 일을 잘하지 못하게 됩니다.

행동이 원하는 결과를 만들고 있지 않으며 더 심각한 문제를 초래하고 있다는 걸 알게 되면 우린 행동을 다르게 바꿀 수 있습니다. 촉발인자를 없앨 수는 없지만 행동을 바꿔서 원하는 결과를 얻을 수 있습니다. 함정에 빠진 저를 발견하고 구덩이 파는 걸 멈춰 가는 중입니다. "아, 잘하고 싶어서 미루는구나."라고 계속 지켜보면서 제 마음을 봐 주고 그 마음을 읽어 줬어요. 채근하기보다 마음을 읽어 주었습니다. 그러면서 질문했습니다. 이렇게 계속 미루면 어떤 일이 생길까? 미루는 마음이 말했습니다. 조금이라도 할까? 사실 시작해 보면 하기 전보다 해결해야 할 일이 가벼웠습니다. 이런 식으로 하고 싶지 않은 일, 잘하고 싶어서 미루는 일을 미연에 방지하려고 관찰과 읽어 주고 질문하기를 하고 있어요. 확실히 채찍보다 당근이더군요. 만들고 싶은 습관이 있으시다면 같이 건강하게 만들어 가실래요?

이 외에도 우리의 습관을 보죠.

어젯밤 잘 주무셨나요?

우리가 자는 동안 해마는 전전두피질에게 폭발적인 신호를 보내 말을 걸고 전전두피질은 여기에 응답합니다. 수면은 이 둘의 적절한 의사

소통에 아주 중요해요. 잠을 잘 못자면 학습과 기억에 어려움이 있다니 잠을 7시간 이상 자고 숙면을 취하시면 좋겠죠. 낮에는 환하게, 잠잘 시간은 어둡게 하고 좋은 잠을 청할 수 있습니다.

요즘 얼마나 바깥 공기를 쐬고 계시나요? 밝은 햇빛은 세로토닌 생성을 돕고 숙면을 유도하는 멜라토닌 분비를 촉진합니다. 실내에서 생활해야 한다면 한낮에 적어도 몇 분은 바깥에 나가도록 노력해요. 산책을 하거나 햇살 아래에서 일광욕을 해도 좋습니다.

그리고 운동. 덴마크의 의사 안데르센 한센은 운동이 뇌의 활성화에 도움이 된다고 권장합니다. 스트레스, 우울, 불안, 행복, 창의성이 운동과 관련이 있다고 합니다. 운동을 하면 상쾌한 기분과 동시에 자신감, 작은 성취감을 얻을 수 있어요. 미래에 대한 불안감, 스트레스도 저하될 수 있다고 합니다. 최근에 운동해 보셨어요? 그때 그 기분을 떠올려 보세요.

인체의 70%가 물, 뇌의 75%가 물로 구성되어 있는 만큼 뇌가 제대로 작동하려면 적절한 수분 공급이 필수입니다. 뇌는 수분 부족 현상을 제일 먼저 감지합니다. 뇌가 수분 보충에만 힘쓰기 때문에 주의력과 기억력이 떨어지는데요. 일을 잘하고 싶다면, 진행 중인 프로젝트를 잘 해결하고 싶다면 물을 자주 틈틈이 마시는 게 좋습니다. 중년의 뇌는 노화과정을 겪습니다. 새로운 시도는 뇌에서 버거울 수도 반가울 수도 있습니다. 뇌를 말랑하게 유지하기 위해서라도 여기에 적힌 것들을 실천하시면 좋겠습니다.

코로나19 이후 비대면 수업이 있는 날에는 아침 수업 이전에 조깅을 하고 조깅을 하지 못하는 날에는 가급적이면 점심시간, 쉬는 시간을 활용해서 바깥 공기, 햇빛을 보려 노력했습니다. 수업 시작 전에 두뇌 회전을 위해 동네 한 바퀴를 돌았습니다.

물이 중요하다고 하니 물도 많이 마시려고 노력하고요. 500ml 물병 물을 채워서 2번 이상 마셨어요. 평소에 물을 잘 먹지 않는데 습관을 들이려 외출할 때도 들고 다녔어요. 그래서였는지 코로나 블루는 저와 거리가 있었는데요, 이 글을 읽으시는 당신은 어떻게 지내셨는지 궁금합니다. 건강한 일상을 사셨을까요? 오늘 운동, 물 마시는 습관은 어떤지 궁금합니다.

저는 강의할 때 항상 물을 준비해 두는데요. 몸은 물론 뇌 활동이 원활하게 되어 이 내용을 여러분에게 잘 전달하기 위한 노력에도 큰 영향을 미치고 있지요.

우리가 걱정을 하는 이유는 불안을 내려놓기 위해 뭐라도 하고 있다고 착각하면서, 상황을 통제하고 있다는 느낌을 받기 때문입니다. 감정을 언어로 옮기면 뇌 회로를 재배치하고 기분이 나아지게 하는 데 도움이 됩니다.

디지털을 시도하거나 하지 않거나 고민하면서 생기는 불안을 줄이는 방법 중에서 1순위는 먼저, 나의 감정을 인정하는 겁니다. 나의 심리적인 상태를 말이나 글로 표현하기. 일기, 편지, 카드 그리고 친구, 가족, 지인과의 대화, 전문가와 상담하기 등입니다.

"디지털을 잘하지 못할까 걱정이 돼.", "요즘 너무나 디지털을 많이 사용해서 머리가 터질 것 같아.", "잘하고 싶은데 시간이 없어서 힘들어." 등 자신의 감정을 표현하고 다독여 주세요. 지금 해 볼 수 있겠죠. "나는 걱정이 많아.", "난 머리가 터질 것 같아.", "난 너무 힘들어.", "하지만 제어할 힘이 있어." 혹은 "그 마음을 들여다볼 거야."라고요. 관찰하면 객관적으로 나를 바라볼 수 있으니까요.

그리고 표현하는 것은 언어 외에도 가능하죠. 악기를 다루거나 그림, 도예, 만들기 등으로 언어로 표현할 수 없는 것을 표현하는 것은 내면의 알 수 없는 무의식까지 다룰 수 있어서 도움이 됩니다.

알 수 없는 미래, 내가 할 수 없는 영역을 고민하기보다 통제할 수 있는 일에 주의를 집중하는 겁니다. 가장 가깝게는 심호흡하기를 통해 교감신경의 흥분을 가라앉혀 스트레스를 줄여 보는 방법이 있습니다. 마음챙김훈련, 마인드풀니스라는 표현을 들어 보셨나요? 호흡의 들숨, 날숨을 관찰하는 겁니다. 관찰이 어려우면 깊게 들이마시는 것만으로도 심신이 완화되는 효과가 있습니다. 기분도 한결 나아집니다. 제가 강의할 때 '심호흡하기'를 딱 10초 했는데 참가하시는 분이 진짜 잠들 뻔했다고 하더라고요. 마음의 여유가 필요하시다면 바로 지금 이 책을 덮고 눈을 감고 잠시 해 보실까요?

하나(들이마시고 1, 2, 3 내쉬고 1, 2, 3)

둘(들이마시고 1, 2, 3 내쉬고 1, 2, 3)

세엣(들이마시고 1, 2, 3 내쉬고 1, 2, 3)

네엣(들이마시고 1, 2, 3 내쉬고 1, 2, 3)

다섯(들이마시고 1, 2, 3 내쉬고 1, 2, 3)

여섯(들이마시고 1, 2, 3 내쉬고 1, 2, 3)

일곱(들이마시고 1, 2, 3 내쉬고 1, 2, 3)

여덟(들이마시고 1, 2, 3 내쉬고 1, 2, 3)

아홉(들이마시고 1, 2, 3 내쉬고 1, 2, 3)

열(들이마시고 1, 2, 3 내쉬고 1, 2, 3)

그만.

잘되시면 숨을 들이마시고 내쉬고를 1, 2, 3, 4, 5까지 해 보세요. 저는 기독교인이라서 호흡과 기도를 같이합니다.

들이마시고 하, 나, 님 내쉬고 감, 사, 합, 니, 다.

들이마시고 성, 령, 님 내쉬고 인, 도, 해, 주, 세, 요.

각자 편안한 말로 마음을 매만져 줍니다.

그리고 적용해 보세요.

디지털 기기 앞에서 혹은 디지털 사용을 제어해야 할 때 숨을 들이마시고 하나, 둘, 셋 내쉬고 하나, 둘, 셋 그리고 내게 말을 걸어 줍니다.

"나만 어려운 거 아니래. 저번에도 잘했어."

뉴런이 연결되는 방식이 사람마다 다르고 그 회로들 사이에서 일어

나는 역동적인 활동과 의사소통도 다릅니다. 그에 따라 자신의 성장, 반응도 다릅니다. 사람마다 맞는 방법 또한 모두 다릅니다. 이 책에서 수많은 방법을 알려 드렸습니다.

특히 습관은 의식하지 않고 자동으로 하는 행동이기 때문에 좋은 습관을 갖게 되면 애써 노력하지 않아도 삶을 변화시킬 수 있는 에너지가 생깁니다. '내게 맞는 습관'을 만들기 위해 자신을 더 많이 관찰하고 이 시간에 알려 드린 다양한 방법 중에 자신에게 맞는 방법을 선택해서 실천하신다면 좋은 결과를 만들 수 있을 거예요. 정신건강, 체력 증진, 인생문제 해결까지. 여러분을 응원합니다.

가슴 뛰는 미래를 향하여

김효정

디지털청? 물에 타서 먹는 건가요? 나라가 디지털을 신경 쓴다?

"디지털청이 생겨야 한다…. 그건 맞겠네…."

스마트폰으로 뉴스를 보던 가님이가 이야기한다.

"뭐가 생겨?" 옆에서 스마트폰을 검색하던 나님이가 궁금한 듯 물었다.

"질병관리청, 소방방재청처럼 디지털청이 생겨야 한다고 국회입법조사처에서 제안했대."

"필요할 수 있지. 요즘 워낙 디지털 때문에 여러 가지 문제가 많으니까."

"맞아. 나도 스마트폰을 쓰지만 이게 사실 필요악이잖아. 그리고 아이나 어른이나 이런 디지털 기계의 노예가 되고 있고, 뭐, 그로 인한 부작용도 많고…. 자기랑 나도 둘이 서로 스마트폰 보면서 얘기해서 대화도 잘 안 되고…."

부부는 원래 대화를 많이 하는 편이었는데 언제부터인가 둘만 있게 되어도 서로 스마트폰을 처다보고 있으며 대화를 잘 안 하게 되었다. 그것이 문제인 것인지도 모를 만큼 스마트폰에 빠져서 지내는 것이 문제라고 생각하는 가님이는 나라에서 관리한다는 것에 관심을 가지고 기사를 읽고 있었다.

"컴퓨터랑 스마트폰은 접근성이 다르니까 관리가 필요할 것 같은데 이게 나라에서 관리한다고 가능할까?"

"지금 중·고등학교에서 나눠 주는 디벗(Digital+벗. 서울시 교육청에서 주관하는 교육시스템. 디지털 벗) 같은 거는 아무래도 시간제한을 걸어 두니까 그런 것부터 시작할 수 있지 않을까?"

"그런데 이건 너무 개인적인 것이라서 어떤 방향으로 관리를 한다는 것인지 궁금하네."

2022년도에 서울시교육청에서 전체 중학교 1학년 학생들에게 편의를 주기 위해 배부한 디벗으로 인하여 그 부작용이 곳곳에 드러나고 있으며 학부모들의 반발이 많았다. 나라에서 뭔가를 관리한다면 그것부터 시작하지 않을까 하고 가넘이는 생각하였다.

2022년 5월 국회입법조사처에서는 디지털 안전 컨트롤타워의 필요성을 이야기하며 '디지털청' 신설을 제안(김여라, 「안전한 디지털 이용 환경 조성과 디지털 권리 강화를 위한 과제」)하였다. 과거에 컴퓨터가 발달하고 인터넷이 발달하던 시대에 비하여 스마트폰의 발달로 인하여 웹에 접근성이 훨씬 편리해지면서 '사이버폭력·거짓정보·개인정보 노출·해킹·디지털 취약계층 교육' 등 디지털 경제로 급변하는 한국 사회에서 파생되는 디지털 현안들을 조율하고 해결하기 위해 가칭 '디지털청'을 세워야 한다는 제안이 나온 것이다.

국회입법조사처의 사회문화조사실 과학방송통신팀장은 "디지털 사회의 가치에 대한 논의"가 중요하다고 강조하며 사이버폭력과 개인정보 침탈 등 위협 요인과 더불어 디지털 경제에 취약한 노인 세대 등 취약계층의 접근성을 높이는 컨트롤타워가 필요하다는 취지이다. "디지털청이라는 통합 기구를 통해 디지털 사회의 목표와 비전·혁신, 디지털 피해 예방 및 구제, 디지털 취약계층 포용, 디지털 리터러시 교육, 디지털 평등 실현 등 관련 세부 정책을 효율적으로 수립하고 추진해야 한다."고 강조했다. 해외의 경우 영국과 호주가 '온라인 안전법', 일본이 '디지털사회형성기본법' 등을 통해 디지털 안전 문제를 다루고 모든 국민이 배제 없이 디지털 혜택을 누리도록 기본 방향을 설계하고 있다.

이렇게 사회가 변화하면서 거기에 적응하며 살고 있는 자신이 디지털에 대한 태도가 어떤지 생각해 보는 것을 권하고 싶다. 나는 디지털을 잘 사용하고 있는가? 아니면 귀찮아서 외면하고 있는가? 또는 잘 모르지만 어쩔 수 없이 해야 하므로 디지털에 끌려가고 있는가? 나는 디지털을 어떻게 생각하고 있으며 이를 어느 정도 활용하고 있는지를 점검해 보는 시간을 갖는 것이 필요한 시기이다.

"이제 나라에서 디지털을 가르쳐 주는 곳을 따로 만드는구나."

"그거 원래 있지 않았어? 새로 생기는 것은 뭔데?" 오늘도 부부는 인터넷 뉴스 기사로 대화를 시작하였다. 가님이는 프리랜서 강사로 디지털 기기를 활용하는 수준이 뛰어나 관련 강의를 종종 한다. 벌써 몇 년 전에 노인복지관에서 일 년 동안 어르신들을 대상으로 스마트폰을 활용하는 방법을 강의해서 그런 교육이 있다는 것을 알고 있었다.

"어. 원래 있었는데, 전에 나도 노인복지관에서 스마트폰 활용방법 가르치는 강의 했잖아. 근데 그때는 필요한 기관이 강사를 섭외해서 한 거였거든. 이제 나라가 주도적으로 그런 교육시스템을 구축하나 봐."

"그럼 가르치는 사람들은 월급을 주나? 예산이 많이 들어가겠는데…. 그런데 이제 사람들이 대부분 디지털 기기를 잘 다루지 않나?"

공대를 졸업하고 기기 관련 일을 하는 나님이는 다들 디지털 기기를 잘 이용한다고 생각하는 것 같았다.

디지털 기기의 상용화가 이루어지면서 기계 없이는 불편한 사회가 되었고 그 결과 많은 사람들이 디지털 기기를 잘 다룬다고 생각하는 것이 일반적이지만 아직도 많은 사람들이 디지털로 인한 삶을 귀찮아하고 아날로그적인 삶을 고수하고 있다. 카카오톡 대화, 키오스크를 비롯하여 공인인증서, 현금 없는 버스 등의 상용화로 디지털에 적응하지 않고 살기가 어려운 세상이라 디지털을 어려워하는 사람들에게 그것을 가르치는 기관을 나라에서 만든 것이다.

"아니야. 아직도 못 다루는 사람이 굉장히 많대. 그리고 내 주위만 봐도 많아. 식당 가서 키오스크 보면 밥 안 먹겠다고 하는 사람들도 있고, 또 노인들은 키오스크 앞에서 시간이 걸리는 것이 눈치 보이고 그런 것 같더라고."

"하긴 그럴 수 있겠다."

2021년 디지털배움터는 17개 광역, 226개 기초지자체가 모두 참여했고 전국 1,000여 개소의 디지털배움터를 운영해 총 65.6만 명이 디지털 역량 교육을 받았다. 특히 고령자·농어업인·경력단절 여성 등 취약계층 맞춤형 프로그램을 확대 운영(20% 이상)하는 등 현장 교육수요를 적극 반영했으며, 강사·서포터즈로 총 4,876명이 활동해 코로나19로

침체된 지역 일자리에 활력을 불어넣고 디지털 교육 전문가 양성에도 기여했다. 2022년도에는 현장의 의견을 반영해 체험형 교육을 강화하고 고령층 등 디지털 약자도 쉽게 익숙해질 수 있도록 기초지자체마다 디지털체험존(226개)을 구축하여 키오스크, 인공지능스피커, 태블릿 등을 배치해 누구나 디지털을 체험하고 실습할 수 있는 공간으로 활용하였다. 또한 디지털배움터만의 특화 교육을 강화하여 과학기술정보통신부가 수요자 선호·최신 동향 등을 반영한 교육과정을 개발·보급하고 지자체마다 특화 교육 과정을 개설하며, 주말·야간반을 확대하는 등 전 국민을 위한 디지털 역량 교육으로 발전하기 위해 변모하였다. 이제 디지털은 우리 생활과 한 몸처럼 붙어 있는 것일까? 더 이상은 귀찮다는 이유로 또는 잘 모른다는 이유로 거부할 수 없는 시대가 되어 버린 것 같다. 기존의 방식을 고수하는 것도 어렵지만 디지털 기기 활용을 거부한다면 할 수 있는 일은 점점 줄어들지 않을까?

디지털 확장?
안전한 모바일 운전면허증부터 연습해 봐요

"운전면허 적성검사 기간이 얼마 안 남았네." 가님이는 운전면허 적성검사 기간이 12월 31일까지인 것을 알고 있었지만 카톡으로 알려 줄 때까지 까맣게 잊고 있었다. 나라에서 때가 되면 문자나 카톡으로 알려 주니까 더 빨리 잊어버린 듯하여 편하면서도 씁쓸한 기분이 들었다.

"카톡으로 왔어?"

나님이가 대꾸해 주듯 물었다.

"어. 얼마 전에 강의하는 데서 신분증 사본 보내 달라고 해서 보다가 대충 날짜는 알고 있었는데 잊어버리고 있었어. 지금 톡 본 김에 찾아봐야겠다. 자기 같이 갈래? 시간 언제 되는 날 있어?"

만료 기간까지는 여유가 있어서 남편과 드라이브 삼아 운전면허 시험장에 가서 신청할 생각에 물어봤다.

"아, 나 올해 건강검진 했으니까 인터넷으로 가능하다네."

"그래? 그럼 그냥 신청해. 안 가도 되면 편하고 좋지."

포털 사이트에 '운전면허 갱신'을 검색하여 관련된 내용이 잘 설명된 블로그를 읽던 가님이가 이어서 말했다.

"건강검진 받은 기록이 남아 있다면 저절로 적성검사에서 면제가 되어서 굳이 면허시험장에 가서 검사를 받을 필요가 없대. 그냥 인터넷으로 신청이 가능하네."

우선 도로교통공단 안전운전 통합민원에 접속하여 본인 인증을 하고 운전면허 갱신을 누르니 간단하게 신청이 되었다.

"받는 곳은 음… 서부면허시험장은 너무 멀지? 마포경찰서로 가야겠다."

수령지까지 선택하고 나니 완료되었다는 카톡이 왔다. 언제부터인가 인터넷으로 무엇을 신청하면 카톡으로 완료되었다는 것이 와야 마음이 편하다.

"모바일 운전면허증으로 했어?"

"아니. 난 그냥 카드형으로 했고, 국제면허증도 신청했어. 저번에 괌 갈 때 종이로 받은 거는 기한이 지났잖아. 언제 해외여행 갈지 모르지만 받아 놓으면 편하니까."

모바일 면허증으로 발급받을까 고민도 했지만 휴대폰을 잃어버렸을 때의 귀찮음을 생각하니 기존과 같은 카드 형태의 면허증이 더 편할 것 같았고, 모두 모바일로 하면 지금 가지고 다니는 지갑이 허전할 것 같아서 원래의 형태를 유지하였다.

"찾기만 하면 되니까 편하네. 뭐 본인 인증 되고 신청만 하니까 간단해. 사진도 더 예쁜 걸로 바꿨어."

"난 갱신할 때 모바일로 하려고. 요즘 지갑 안 들고 다니니 엄청나게 편해. 휴대폰 케이스에 비상으로 카드 한 장만 넣으면 되니까. 그런데 그것도 쓸 일이 없어."

나님이는 지갑 없이 휴대폰만 들고 다니는 것을 선호하여 카드도 가지고 다니지 않고, 물건을 살 때에도 페이로 지급하는 경우가 많다. 삼성페이, 카카오페이, 네이버페이 등 다양한 페이들이 생겨나면서 스마트폰 하나로 모든 것이 해결되는 세상이 되고 있다. 물론 신용카드를 쓰거나 계좌이체를 하는 경우도 있지만 우리가 사용하는 거의 모든 상점에서 페이로 결제하는 것이 가능하기 때문에 지갑을 고집하는 것이 더욱 이상할 수도 있다.

모바일 운전면허증이란 개인 스마트폰에 발급하는 운전면허증이다. 현행 플라스틱 운전면허증과 동일한 법적 효력을 가지는 모바일 신분증으로 이제는 스마트폰만 있다면 언제, 어디서든 신원확인이 가능하게 되었다. 발급받는 방법은 두 가지가 있는데 그 방법과 발급절차를 우리 책에서 계속 나오는 알고리즘으로 설명을 해 보겠다.

첫 번째 방법은 IC 운전면허증으로 모바일 운전면허증을 발급하는 것인데 스마트폰 교체나 분실 시에도 다시 방문 없이 발급이 가능하다. 그 순서는 다음과 같다.

① 모바일 신분증(운전면허증) 어플을 설치한다.

②-1. 즉시발급을 원하면 운전면허시험장을 방문하여 IC 운전면허증을 신청하고 비용(국문 13,000원/영문 15,000원)을 지불한다.

②-2. 예약발급을 원하면 '안전운전통합민원' 또는 경찰서 민원실에서 IC 운전면허증을 신청하고 비용을 지불한다.

③ 수령한 IC 운전면허증을 스마트폰에 태그하여 '모바일 운전면허증'을 발급한다.

두 번째 방법은 운전면허시험장을 방문하여 QR코드로 발급받는 것으로 즉시발급은 가능하나 스마트폰을 교체하면 다시 방문해야 한다.

① 모바일 신분증(운전면허증) 어플을 설치한다.

② 현장QR 발급비용(1,000원)을 지불한다.

③ 전국 운전면허시험장에 설치된 QR코드를 '모바일 신분증' 어플으로 촬영하여 '모바일 운전면허증'을 발급한다.

이렇게 발급된 모바일 운전면허증은 기존 운전면허증과 동일하게 온·오프라인 어디서나 사용할 수 있다. 예를 들어 은행 및 비대면 금융, 무인자판기, 편의점, 정부24, 렌터카, 주민센터, 선거, 공항 및 여객터미널 등에서 모두 사용 가능하다. 사용방법은 모바일 신분증 어플을 실행하여 ① 모바일 운전면허증을 제시하여 눈으로 확인하기, ② 나의 QR 클릭하여 보여 주기, ③ QR 촬영하기이다.

모바일 운전면허증은 도난이나 보안 위험을 걱정하지 않아도 된다. 이는 다양한 보안 기술을 적용하였기 때문에 안심하고 사용할 수 있다. 모바일 운전면허증은 암호화 저장이 되어 있고 본인 명의 1개의 단말에서만 발급을 하며 핸드폰 분실 신고 시 즉시 정지의 효력을 가지고 있으며 도용 방지 및 개인정보 노출을 최소화하여 안심하고 사용할 수 있다.

이렇듯 안전한 모바일 운전면허증, 잘 알고 사용한다면 매우 편리할 것이다.

디지털을 활용하여 나를 지킬 수 있도록…

"아까 다님이 엄마를 만났는데, 어제 주차장에서 시비가 붙어서 112에 신고해서 경찰이 출동하고 난리도 아니었대."

아파트 입구에서 가님이는 다님이 엄마를 만났다가 어제 경찰이 출동한 이야기를 듣고 나님이에게 말을 하였다.

"왜?"

나님이가 의아한 듯 물었다.

"다님이 아빠랑 병원 다녀오면서 다님이 엄마가 운전을 했는데 주차장에서 다른 차랑 서로 비키다가 상대 운전자가 다님이 엄마한테 욕을 했대. 그걸 다님이 아빠가 보고 상대 운전자랑 시비가 붙은 거지. 경찰이 와서 화해는 했는데, 나 혼자 주차장에서 그런 일을 겪으면 어떻게 해야 하나 갑자기 무섭더라고."

"요즘에는 블랙박스 있으니까 녹화된 걸로 신고해야지. 그나저나 남자들이랑 시비가 붙으면 아무래도 불리하니까 조심히 다녀."

가님이는 평소에 자차를 이용하여 출퇴근을 하는데 요즘 세상이 삭막하여 본인에게도 일어날 수 있다고 생각하니 걱정이 되었다.

"그럼… 남자 운전자랑 시비가 붙으면 물론 나는 안 싸우고 도망치는 스타일이지만, 주차장에서는 안 비켜 주면 못 나오니까 핸드폰으로 촬영을 해야겠다. 나한테 윽박을 지르거나 욕을 하면 '아저씨 지금 저 녹화하고 있어요. 지금 저한테 뭐라고 하셨어요?' 하고…. 근데 그런 거

신고하면 벌금 같은 거 나오나?"

가님이는 묘책을 생각해 내고 신나서 말했다. 나님이는 가님이가 말하는 것이 웃기면서도 기발하다고 생각했다.

"여자가 핸드폰 가지고 나오면서 그렇게 하면 왠지 심한 말은 못하겠네. 당신 경찰 친구 있잖아. 그 친구한테 물어봐. 신고할 수 있는 사안인지 아닌지. 경찰서는 그런 시비가 많이 있을 것 같은데…."

가님이는 바로 카톡으로 경찰 친구에게 연락을 취했다. 친구의 말로는 운전을 하면서 시비가 붙어서 상대방에게 위협적으로 보복 운전을 하면 그것은 신고사항이 되지만 둘만 있을 때에는 욕을 해도 모욕죄[1]가 성립되지 않으며 제3자가 있어야 된다고 했다.

"근데 대부분의 사람들은 신고한다고 말하면서 녹화하면 그냥 갈 것 같은데, 그렇지 않아? 정말 이상한 사람이 법에 대해 잘 알면 모르지만, 그냥 남한테 함부로 욕하는 사람이 그런 건 모를 것 같아."

"아무리 그래도 당신 혼자 운전하고 다닐 때에는 시비 붙지 말고 조용히 와. 세상에 이상한 놈들이 얼마나 많은데. 그리고 길거리에서도 위험하지만 주차장에서는 더 위험하니까."

아무리 시민의식이 높아졌다고 해도 그렇지 못한 사람들도 분명히 존재하므로 조심해서 나쁠 것이 없다고 생각한 나님이가 말했다.

세상살이가 점점 삭막해져 가는 이유가 디지털 기기를 활용하면서

---

1 형법 제311조(모욕) 공연히 사람을 모욕한 자는 1년 이하의 징역이나 금고 또는 200만 원 이하의 벌금에 처한다.

사람 사이의 대화가 없어지기 때문인 이유도 있을 것이지만 블랙박스나 CCTV 등이 많아지면서 범죄를 예방하는 데에도 도움이 되는 것도 사실이다. 모든 것에 컴퓨터를 활용하고 있으며 KT 기지국에서 불이 났을 때(2018년 11월)와 카카오톡 전산에 문제가 생겼을 때(2022년 10월)에 많은 상인들이 배달 전화가 연결이 안 되고 카드 결제를 하지 못하여 큰 손해가 났다는 사실이 우리가 디지털과 떨어질 수 없는 것을 반증한다. 디지털에 적응하는 것은 잠깐이지만 그것을 활용하는 방법은 무궁무진한 것이다. 이런 상황에서 나는 디지털을 어떻게 받아들여야 하는가?

키오스크? 겁나지 않아!

"엄마, 밥 먹었어? 잘했네. 그렇게 하면 되지."

가님이는 주말이 되면 혼자 계시는 친정어머니께 전화를 한다. 주중에는 오빠네 집에 가서 손주들을 돌보시지만 주말이 되면 집으로 돌아와서 밥을 혼자 드시는 어머니는 끼니를 굶거나 대충 때우는 경우가 많다. 어쩌다가 밖에 나가서 혼자 사 드시려고 하면 키오스크 때문에 주문을 못 하고 원하지 않는 것을 드시거나 아니면 빵 같은 것을 드시는 날이 많다는 것을 얼마 전에 알게 되었다.

"엄마, 그럼 나한테 물어보지 그랬어. 그거 한두 번만 해 보면 쉽게 할 수 있는데…. 당황해서 잘 안 보이는 거지. 그리고 젊은 애들도 뒤에 사람들이 쳐다보면 눈치 보여서 잘 안 돼."

가님이는 얼마 전에 시간을 내어서 엄마가 자주 가는 식당 서너 군데를 함께 돌아다니면서 키오스크 주문 방법을 설명해 드리고 직접 실습해 보도록 도와드렸다. 점심시간이면 식당에 사람이 몰릴 것을 생각하여 사람이 드문 시간인 오전 11시와 오후 2시를 공략하여 연습한 결과 생각보다 잘 따라 하셨고 자신감이 생겼다고 말씀하셨다.

"우선 맨 앞에 그림을 보고 엄마가 먹고 싶은 것을 고르면 되는 거야. 그런데 앞에 있는 것만 파는 게 아니고 옆으로 이렇게 화면을 넘기면 다른 메뉴가 또 나와. 그럼 여기에서 고르면 되는 거야. 해 보니까 별거 없지?"

어머니가 잘 따라 하시는 것을 본 가님이가 흐뭇한 표정으로 말한다.

"그러네. 이것도 저번에 그 집이랑 비슷한데. 한글만 읽으면 다 할 수 있겠어. 그런데 사람들이 기다리면 더 잘 안 되니까 마음이 불편해."

아마 대부분의 노인들이 같은 마음으로 키오스크 주문을 꺼리고 있을 것이다. 하지만 어린 학생이나 젊은 사람들도 처음 가는 음식점의 키오스크를 다루는 데는 시간이 걸린다. 식당마다 메뉴가 다르고 각 기계의 주문 방식도 조금씩은 차이가 있으므로 척척 주문을 하는 것은 쉽지 않다. 어디서 주워들은 이야기지만 키오스크 프로그램을 만드는 개발자도 실제 자신이 만든 프로그램이 장착되어 있는 키오스크 기계에서 주문할 때에는 여러 번 연습을 해야 가능하다고 하였다.

"엄마, 제일 중요한 게 부담을 안 갖는 거야. 물론 뒷사람이 있으면 나도 마음이 불편해. 아마 다 그럴 거야. 그런데 그렇다고 더 잘되는 건 아니니까 뒷사람 보면서 '제가 좀 느려요. 잠깐만요.' 하고 한번 웃어. 그러면 대부분 사람들은 착해서 '천천히 하세요. 어르신.' 이렇게 말할 거야. 거기에서 성질내는 사람들은 그냥 무시해야지. 그 한 사람 한 사람까지 어떻게 다 신경 써? 그리고 정 자신이 없으면 바쁜 점심시간은 피해서 가면 되고."

이렇게 방법을 가르쳐 주고 주말에 전화해서 확인하는 가님이는 어머니가 키오스크를 잘 사용했다는 말이 무척 반가웠다. 일하면서 아이 셋을 키우며 아이들에게 여러 가지를 가르칠 때에 답답한 것들이 많았지만 아이들이 그것을 성취했을 때 보람을 느꼈던 것과 다르지 않았다.

치킨? 제 돈 주고 먹어?

"엄마, 오늘은 치킨 어때요?"

가님이의 큰딸 라님이 말한다.

"엄마 쿠폰 있는 것 같은데. 잠깐만."

가님이는 카카오톡 선물 받은 쿠폰을 찾아보며 이야기한다.

"우리 애들이 셋이라고 선물 받은 건 다 두 마리 세트만 있네. 그러기에는 지금 배가 많이 고픈 건 아니니 그냥 시켜 먹어야겠다."

"엄마, 아까 치킨 만 원 할인 어디선가 봤는데."

라님이가 핸드폰을 보면서 이야기한다.

"엄마, 요기요 가입했어요? 그거 처음 가입하면 만 원 할인이래요."

"그래? 엄마는 배민(배달의 민족. 배달 어플)만 해서 요기요는 없어. 아… 요기요는 가입 안 하려고 했는데 만 원 할인은 너무 유혹이 크네. 그럼 가입하고 혜택을 받아야지."

가님이는 재빨리 어플을 다운 받고 회원 가입을 하고 라님이가 원하는 메뉴로 주문을 했다.

"이거 내가 알고리즘 때문에 떠 있는 거 알면서도 시킨다. 라님아, 이거 요기요가 왜 할인해 주는지 알아?"

"회원 가입시키려고 하겠죠. 그게 자기네 이익이 되니까."

중학생인 라님이는 눈치도 빠른 편이지만 나이에 비해 세상 돌아가는 것을 잘 아는 편이었다.

"결국 대기업의 홍보에 우리가 다 넘어가는 거야. 전에는 TV나 신문 광고를 보고 소비자가 거기에 혹해서 물건을 샀지만 요즘에는 하나를 검색하면 그걸 살 때까지 자꾸 휴대폰으로 나한테 맞춤식 광고를 하니까 안 살 수가 없지."

"엄마, 그렇게까지 깊은 전략이 있는 거예요?"

"어, 이제 비슷한 시간이 되거나 뭔가 환경이 비슷해지면 요기요에서 우리한테 이거 먹을 때가 된 것 같다며 광고를 해 올걸. 물론 가입하고 할인 받는 것은 개인의 선택이겠지. '그냥 할인 가입 안 하고 난 포장할인으로 하겠다.'는 사람도 있을 것이고, 한 번만 쓰고 어플을 지우는 사람도 있겠고 또 이번 가입을 계기로 요기요에 맛집이 많다는 것을 알거나 할인혜택이 많아서 더욱 자주 이용하는 사람도 있겠지."

가님이는 강의를 하는 사람이지만 역량을 기르기 위해서 다양한 분야의 강의를 듣는다. 일반 회사를 다니는 직장인이었더라면 자신의 분야에서만 전문적인 지식이 있는 경우가 많을 것이다. 하지만 강사는 사람들 앞에서 이야기를 하는 것이기 때문에 배경 지식을 잘 모르면 도태되기 십상이라 공부를 꾸준히 하고 그 덕분에 사회 물정에 밝은 편이다.

"그런데 이게 광고인 것을 아는 사람들도 있지만 대부분의 많은 사람들은 자기가 하는 일이 바빠서 이런 팝업(Popup, 뻥 하고 튀어 오르는) 광고가 뜨면 그것이 자신을 유혹하는지 모르고 '신기하게 내가 필요한 것을 딱 추천해 주네.' 하고 생각하거든."

가님이는 코로나19로 인하여 배달의 민족을 사용하면서 자연스럽게 여러 가지 할인 혜택이 되는 것을 찾아보았는데 요기요 가입할인이 생각보다 커서 고민하고 있었다. 하지만 많은 어플을 스마트폰에 설치하여 그것이 메모리 용량을 차지하면 스마트폰을 사용할 때에 속도가 느려져서 가능한 휴대폰을 가볍게 하고 다니려고 어플을 설치하지 않고 버텼는데 이번에 만 원 할인에 무장해제가 된 것이다.

유튜브를 보고 있으면 자기가 좋아하는 연예인의 영상이 계속 추천되는 것을 알 수 있다. 가끔 특정 영상의 댓글에서도 알고리즘으로 여기까지 왔다는 말들을 많이 한다. 특정 연예인을 한번 검색하면 그들이 출현했던 TV 프로그램들이 줄줄이 연결되어 있어 모두 보게 되는 것이다. 디지털 세상이 되면서 관련된 것을 컴퓨터가 알아내고 그것을 볼 수 있도록 추천해 주는 것이 너무도 당연시되고 있다. 사람들은 기기에서 돋보기를 활용하거나 포털에서 단어를 입력한 후 엔터키를 누르는 검색은 매우 잘하지만 서류에서 관련된 목록을 찾는다거나 생각해서 알아내는 것들은 점점 더 못 하게 되었다. 이렇게 된 사람들에게 알고리즘을 활용하여 팝업으로 띄워 주면 그것을 적당히 활용할 수 있도록 해 준 것이 오히려 고맙기도 한 세상이 되었다.

난 알고리즘의 추천으로 선택할 것인가? 아니면 내가 필요한 것을 시간 내어서 찾아볼 것인가?

언제 어디서나 책을 읽을 수 있는 독서교육지원 서비스

가님이는 오늘도 퇴근길에 도서관으로 향했다. 큰애와 둘째가 다니는 논술학원에서 읽어야 할 책을 빌리기 위하여 인터넷 홈페이지를 열심히 찾은 결과 상호대차(협약된 도서관끼리 소장한 자료를 서로 주고받으며 이용자에게 빌려주는 것) 서비스가 되지 않은 도서관이어서 직접 가는 길이다. 과거에는 도서관에 가서 직접 책을 찾았다면 요즘에는 집에서 인터넷 검색을 하여 상호대차 서비스를 신청하면 집과 가장 가까운 도서관에 책이 도착하고, 그곳에서 책을 빌리면 되는 것이어서 매우 편하게 책을 대출할 수 있었다. 이렇게 편한 것에 익숙해지니 집에서 멀리 떨어진 도서관에 가는 게 여간 귀찮은 일이 아닐 수 없다.

"라님이 엄마, 책을 많이 빌렸네요."

다님이 엄마를 주차장에서 만났다. 도서관에 간 김에 눈에 들어오는 책도 빌렸더니 양이 꽤 많았다.

"네, 정독도서관에 갔는데 좋은 책이 많아 보여서 여러 권 빌려왔어요."

"정독까지? 멀리도 다녀왔네요. 그걸 다 보고 또 반납하러 갈려면 힘들겠어요. 마님이 엄마는 코로나19 때 택배로 책을 빌려주는 도서관도 있다고 했는데 지금은 없겠죠?"

거리는 조금 있지만 정독도서관에 가면 여유 있는 사람이 된 것 같은 느낌에 조금 생소한 책을 찾을 때에는 정독도서관을 검색하고는 한다. 비교적 큰 도서관이어서 가님이가 원하는 책은 거의 있었기 때문에 자주 방문한다.

"뭐, 이래저래 가 보는 거죠. 책 빌리고, 삼청동 산책도 조금 하고… 아마 코로나19가 완화되면서 그런 서비스는 없어졌을 거예요."

"근데 라님이 엄마 독서지원 뭐 그런 서비스 있던데요. 나도 얼마 전에 알았는데, 다님이가 자기 친구는 컴퓨터로 책을 본다고 해서 난 그냥 e북을 샀다는 얘긴 줄 알았는데 근데 교육부에서 지원하는 거 있다고 하더라고요. 한번 찾아봐요. 내가 먼저 찾으면 톡할게요."

가님이는 집에 와서 저녁상을 치우는 대로 인터넷 검색을 하였다. 요즘에는 '밀리의 서재' 같은 전자책 서비스가 많지만 독서지원이라는 단어는 그런 의미가 아닌 것 같았다. 인터넷으로 검색하니 무수히 많은 기사와 관련 내용이 설명되어 있는 블로그 등이 있었고 그중 몇 개를 읽으며 내용을 파악했다. 가님이는 인터넷을 활용하는 것이 사람을 편하게 해 주어서 유익하다는 생각이 들었지만 이런 식으로 계속 생활한다면 사색은 필요 없는 세상이 될 수도 있겠다는 우려도 하였다.

독서교육지원 서비스는 언제 어디서나 책을 읽을 수 있다는 것을 전제로 전자책을 대여해 주는 '북드림', AI가 학생의 독서 취향을 분석해서 책을 추천해 주는 '책열매', 감상문 쓰기, 독서 퀴즈, 편지 쓰기, 일기 쓰기 등 온라인으로 독후 활동을 할 수 있는 '독서교육종합지원시스템'을 통틀어서 말하는 것으로 교육부에서 제공하는 시스템이었다.

교육부에서 지원하는 독서서비스로 첫 번째인 '북드림'은 학생과 교사가 이용할 수 있다. 물론 인증절차를 거치는 사람만이 서비스를 이용할 수 있는데 1인당 월 5권의 전자책을 대여할 수 있으며 온라인 상태라면 언제, 어디서든 책을 읽을 수 있는 장점이 있다. 특정 대형서점과 제휴하여 전자책(e-book)으로 출판된 것을 읽는 것인데 종이책을 가지고 다니는 번거로움이 없으며 고를 수 있는 책의 종류와 그 양도 상당히 많다. 두 번째는 '책열매'로 이용대상은 초등학교 3~6학년 학생과 교사로 어린 학생들이 어떤 책을 읽어야 할까 고민하고 있을 때 인공지능이 학생의 독서 취향을 분석해서 책을 추천해 주는 것이다. 이때 낱말 검색을 하고 자신이 읽은 책의 낱말 모음을 할 수 있으며, 낱말 퀴즈까지 풀 수 있어서 다양한 어휘 학습이 가능하다. 또한 선생님이 교수·학습 자료를 쉽게 검색하고 이용할 수 있으며 공유가 가능하여 더욱 유익하다. 마지막으로 '독서교육종합지원시스템'으로 이용대상을 초·중·고등학생으로 온라인으로 독후활동을 할 수 있다. 감상문 쓰기, 독서퀴즈, 편지 쓰기, 일기 쓰기 등을 활용할 수 있으며 선생님은 언제든지 학생에게 별점 주기, 독후활동 추천하기, 선생님 답글 등의 등록을 통하여 독후활동 지도를 할 수 있기 때문에 유기적인 활용이 가능하다. 또한 학생이 다니는 학교에 어떤 자료나 도서가 있는지 검색이 가능하여 편리한 독서를 할 수 있다.

공인인증서? 공동인증서? 금융인증서? 범용인증서? 전자서명?

"인증서 만료기간이 되었나 봐. 인증서 갱신하라고 자꾸 문자가 오네. 근데 인증서마다 만기가 달라서 그거 챙기는 것도 귀찮고, 특히 다른 은행 인증서는 그걸 계속 등록해야 하니 번거로워."

가님이는 성격 때문인지 하는 일이 다양해서 그런지 여러 가지 인증서를 가지고 있었다. 전에는 공인인증서 하나만 있으면 가능했던 일들이 언제부턴가 여러 가지 인증서로 인하여 복잡해져서 짜증이 나 있는 상태이다.

"당신은 인증서 종류가 많아? 난 하나로 다 되는 것 같은데. 은행일 보는 것은 말고는 다 문자로 휴대폰 인증하는데."

나님이는 회사를 다니는 평범한 직장인이기 때문에 휴대폰에 인증서 하나가 있고, 어떤 사이트에서 아이디와 비밀번호를 찾을 때에 사용하는 문자 인증만 사용하여 복잡함을 체감하지 못하였다.

"난 많은 것 같아. 인터넷 뱅킹 할 때랑 어린이집 결제할 때는 같은 인증서를 쓰는 것 같은데, 그 학점은행제 수업 들을 때는 돈을 내고 인증서를 발급 받더라고, 범용인증서."

가님이는 대학 전공과 달리 대학원에서 심리학 전공을 하였는데 그 분야를 더 공부하고 싶어서 학점은행제로 심리학 관련 수업을 듣고 있다.

"수업 들을 때에도 인증서가 필요해?"

"응. 아마 대리출석을 방지하는 것 같기도 하고 또 좋은 강의를 수강료 안 내고 보지 못하도록 하는 것 같아. 발급비가 4,400원이야."

"인증서는 다 무료 아니야?"

"어. 이건 돈 내고 하는 거라서 안 하려고 했는데 그거 아니면 못 한다고 해서 그냥 발급 받았지, 뭐. 일 년 지나면 갱신해야 하고."

가님이도 처음에는 바뀐 인증서가 무엇인지 궁금하였다. 그 동안은 공인인증서 하나로 모든 것이 해결되었고 인증서는 다 무료인데 범용인증서만 비용을 지불하는 것이 이상해서 나님이와 대화 후 마음먹고 검색하였다.

우리가 생활을 하면서 자신의 신분을 밝히기 위하여 쓰는 것 중 가장 대표적인 것인 주민등록증이나 운전면허증이다. 이와 비슷한 개념으로 온라인상에서 신분증으로 사용하는 것이 공인인증서이다. 디지털로 많은 것이 가능한 세상이 되면서 컴퓨터나 스마트폰을 활용한 거래들이 늘어났고 그것을 신뢰하기 위하여 나타난 제도가 공인인증서 제도이다. 2020년까지는 국가에서 인정한 공인인증기관 6개(한국정보인증, 코스콤, 금융결제원, 한국전자인증, 한국무역정보통신, 교육기관 전자서명인증센터)에서만 만들 수 있었지만 2021년부터는 이 기관들의 독점권을 없애고 어느 곳이든 자유롭게 경쟁할 수 있도록 민간업체들도 신분 확인을 할 수 있는 인증방법이 추가되었다. 그 종류가 공동인증서, 금융인증서, 민간인증서이다. 우선 공동인증서는 과거에 공인인증서로 불리는 것을 명칭을 변경한 것으로 가장 흔히 사용하는 것이다. 대부분의 사람들이 이름만 '공인인증서'에서 '공동인증서'로 바꾼 것으로 생각할 것이다. 두 번째는 금융인증서로 금융결제원에서 새롭게 출시한 인증서이다. 이는 현재 은행권에서만 제한적으로 사용하고 있는데 공동인증서 역시 은행에서 사용하므로 금융인증서는 흔하게 보이지는 않는다. 두 가지를 비교설명 하자면 공동인증서는 대부분의 사람들이 가장 많이 사용하였을 것이기 때문에 사용방법을 잘 알고 있다. 자신의 PC나 휴대폰 또는 USB에 저장이 되어야 사용이 가능한 것이 특징이다. 하지만 금융인증서의 경우 클라우드 기반이므로 특별한 저장매체가 없이도 사용이 가능하다는 것이 장점이라고 볼 수 있다.

마지막으로 민간인증서는 네이버페이, 카카오페이, 페이코(PAYCO),

토스(toss), PASS 등 민간기업이 개발한 인증서비스이다. 이는 휴대폰을 가지고 있으면 바로 확인이 가능한 것이므로 일반적인 어플에서 본인 확인 시에 가장 많이 사용하는 추세이다.

여기에 하나 더 추가한 것이 개인 범용인증서이다. 앞에서 설명한 세 가지는 무료 발급이지만 개인 범용인증서는 1년에 4,400원의 비용이 들어서 꼭 필요한 사람만 발급받고 있다.

공동인증서	(구)공인인증서
금융인증서	금융결제원에서 새롭게 출시한 인증서
민간인증서	네이버페이, 카카오페이, 페이코(PAYCO), 토스(toss), PASS 등 민간기업이 개발한 인증서비스
범용인증서	비용을 지불하고 발급받는 인증서

가님이는 오늘 강사협회의 회의가 있어서 서둘러서 나갔다. 약속된 시간보다 일찍 도착하여 먼저 온 사람들과 이런저런 대화를 나누고 있었다.

"어제 핸드폰으로 전자서명을 하라는 문자가 온 거예요. 보니까 지난주에 강의 다녀온 곳에서 보낸 건데 링크를 들어가서 가입을 하고 거기에 사인을 해야 강의료가 입금된다고."

"거기는 엄청나게 시스템이 잘된 곳인가 봐요."

"그런데 난 강의 가서 종이에 사인을 하고 왔거든요. 문자를 보는 순간 '이게 뭐지?' 하는 생각이 들었는데, 그쪽에서 연락을 따로 하지 않아서 스미싱(smishing, 문자 메시지와 낚시의 합성어로, 문자 메시지를 이용한 휴대 전화 해킹을 이르는 말)인가 보다 하고 안했어요."

"와, 그것까지 어떻게 다 알았지? 그럼 어디 강의를 다녀오고 아직 입금이 안 된 것도 안 거예요?"

"나도 그게 신기했는데 어차피 아닐 것 같아서 그냥 무시하고 있었는데 그쪽에서 전화가 온 거에요 왜 안 하냐고."

한 강사가 자신의 겪었던 일을 이야기하고 있고 다들 관심 있게 듣고 있었다.

"그래서 종이에 사인을 했다고 했더니 시스템이 바뀌어서 다시 해야 한다고 하더라고요."

"아니, 그럼 미리 연락을 줘야지. 이거 그냥 서명하면 무섭잖아요."

"그러니까요. 그래서 여러분도 강의 나가실 때 확인 한 번씩 해 보세요."

다들 조심해야겠다는 말과 동시에 안내도 없이 그게 무엇이냐는 비난을 하면서 대화를 이어 가고 있었다.

공식적인 기관에서는 인증서 등으로 본인 확인을 하지만 이렇게 개별적인 기관이나 개인 간에는 전화 통화만으로도 본인 확인이 안 되는 경우가 많다. 요즘에는 사기 수법이 다양해져서 전화를 해도 내가 아는 상대방이 아닌 사기꾼들이 전화를 받는 경우가 많고 내 휴대폰은 모두 그 사기꾼들이 원하는 대로 활용되는 경우가 있어서 항상 조심해야 한다. 자신이 강의 간 곳을 정확하게 알고 거기에서 강의료를 지급한다고 하는데 그것에 속지 않고 이상하다고 생각한 것이 오히려 대단한 것이었다.

"이게 문자에 뭐가 와서 그 링크로 접속해서 설치하면 그 휴대폰은 사기꾼들한테 넘어가는 거예요. 저 아는 사람은 문자온 걸 설치하고 나중에 5명이랑 통화했는데 아무렇지도 안게 일상 대화도 했대요. 그런데 그 통화가 그 사기꾼들과 한 거였어요. 그러니까 그 사람들은 휴대폰 속을 다 찾아보고 그에 맞게 응대한 거죠."

"저도 비슷한 말 많이 들었어요. 그러니까 그냥 모르는 문자는 바로 삭제하는 것이 가장 안전한 것 같아요. 아쉬우면 전화가 다시 오겠지."

"그 '해외에서 얼마가 결제되었습니다.' 하고 문자가 오는 경우도 많잖아요. 그럼 '난 안 했는데 뭐지?' 하고 눌러 보는 경우가 대부분이라고 하니까 정말 무섭지요."

각자 자신이 경험한 일들과 주위 사람들한테 들었던 다양한 사건들을 이야기하면서 흔히 말하는 보이스피싱을 당하지 않도록 유의해야 한다며 서로에게 주의를 주었다. 가님이는 자신도 당할 뻔 했던 사건이 떠올랐다.

"저는 어느 날 문자로 '어머님, 라님이 담임입니다. 오늘 특별활동을 해야 하는데 재료비가 필요하여 편의점에 가서 상품권을 사신 후 그 바코드 번호를 보내 주세요.'하고 온 거예요. 아이의 이름이 정확하니 순간 '학교에서 뭐 재료비가 필요한가?' 하는 생각이 들더라고요. 요즘에 초등학교는 학교에서 필요한 재료 거의 다 주거든요. 그래서 같은 반 엄마한테 연락을 해 보니 자기한테는 안 왔다고 해서 잠깐 멈추고 생각해 보니 이것이 상품권 사기인 것 같다고요."

"그럼 그냥 답을 안 보냈어요?"

"아뇨. 답을 보냈죠. '선생님, 저희는 형편이 어려워서 특별활동은 못할 것 같아요. 그냥 참석 안 하고 쉬게 해 주시면 감사하겠습니다.' 하고."

"명답이네요."

그렇게 문자를 보내 놓고도 혹시 해코지를 하지 않나 하고 걱정이 되었지만 최대한 공손한 말투로 보내서 정말로 형편이 어려운 것으로 알았으면 하고 생각했다. 보이스피싱이나 스미싱 등 기타 사기방법이 계속 진화하면서 기승을 부리고 있어 개인이 그런 기법들에 대해서 잘 알고 대처하는 것이 중요해졌다. 어떤 사람은 욕을 하거나 화를 내기도 하지만 그 사람들이 요즘에는 보복을 하는 경우가 있으므로 그냥 조용히 전화를 끊는 것이 가장 현명한 방법일 것이다.

디지털도 청소가 필요해!

"저 요즘에 휴대폰 정리와 컴퓨터 정리를 하고 있는데, 하면서 느낀 것이 이게 가능한 것일까 하는 생각이 들어요."

"그거 절대로 불가능한 일이에요. 성공하면 제가 밥 살게요."

가님이는 자꾸 버벅거리는 휴대폰 때문에 요즘 짜증이 났다. 그 원인을 살펴보니 무엇보다 휴대폰 사용기간이 오래된 것이 가장 크겠지만 오래 쓴 탓에 이런 저런 자료들과 사진들로 저장용량이 꼭 차 있어서 더욱 느려진 것이었다. 이번 기회에 휴대폰을 정리하면서 사진을 컴퓨터에 옮기고 컴퓨터에 있는 자료까지 정리할 생각으로 말을 하였다.

"그래도 그냥 맘 편하게 3~4일 잡고 하면 가능하지 않을까요? 꼭 해보겠습니다."

"제가 전에 도전해 봤는데요. 자꾸 예전 자료 찾으면 그걸 또 정리해야 해서 결국은 못 하고 다 닫게 되어요."

같은 작업을 해 본 다른 강사가 말하였다. 아마도 맞는 말일 것이다. 가님이는 전부터 강의한 것들을 쭉 정리를 하여 한눈에 볼 수 있도록 하고 싶었다. 프리랜서 강사로 일한지도 십여 년이 지나면서 다양한 강의 주제와 여러 연령에게 한 강의의 자료가 섞여 있어서 가끔 비슷한 자료를 찾을 때에 그것이 더욱 고된 일이었다. 하지만 시간도 오래 걸리고 그 많은 자료를 정리하는 작업은 만만치 않았다. 연도별로 정리하고 강의 주제별로 정리하고 하면서도 또 자료가 나오면 다시 폴더에 넣고 하는 일이 길어지면서 그냥 다 버리고 다시 시작하고 싶은 마음도 있었다.

"난 전에 카톡방을 정리하고 싶은데, 이게 다 지우기도 뭐하고 그렇다고 남겨 두니까 뭐 요즘 탄소배출 이런 것 때문에 고민하고 있었거든요. 그런데 휴대폰이 갑자기 꺼지고 안 되어서 새로 샀어요. 그랬더니 휴대폰에 카톡 대화가 모두 사라졌는데 그게 그렇게 시원하더라고요."

"맞아요. 강제로 한 번씩 날리는 것도 좋아요. 뭐 되게 중요한 자료 있는 것 같은데 또 없어도 큰 문제가 없더라고요."

자료를 정리하는 것은 옷을 정리하는 것과 크게 다르지 않았다. 막상 사용하지 않으면서도 왠지 다른 강의에서 쓰일 것 같은 생각에 지우지 못하고 그냥 두는 경우가 많았다. 디지털 사진 또한 예전의 필름을 인화할 때와 달리 같은 장면을 여러 장 찍으면서 그것도 정리하지 못하고 휴대폰 저장 용량만 채우기 일쑤다.

"전 그래서 어플을 웬만해서는 설치를 안 하고 또 설치를 하더라도 사용하고 나면 지워요. 저장 용량 차지하는 거 싫어서."

"저는 그냥 정리 안하고 두는데 전에 어디선가 어플을 설치하고 보여 주면 할인을 해 준다고 하는데 설치하려고 했더니 용량이 다 차서 설치 불가능하다고 하더라고요. 뭘 지워도 안 되고 그래서 저만 할인을 못 받았어요. 화딱지가 나서 용량 큰 걸로 휴대폰을 바꿨어요."

각자 경험을 공유하며 디지털에 대하여 생각을 해 보았다. 디지털 기술이 발전할수록 자료의 저장용량도 커지고 더욱 많은 것을 저장할 수 있게 되었고 음악을 들을 때에나 영화를 보는 것도 전보다는 간편한 일상이 되었다. 이런 변화가 모두에게 편리함을 주는 것은 분명히 맞지만 왠지 허전해진 느낌은 무엇일까?

가족 간의 대화로 디지털과 멀어지기 시도하기

가님이의 오빠가 결혼을 하고 아이가 생기면서 거실에 TV를 없앤다고 했을 때 그것이 과연 중요한가 하고 생각을 했었다. 하지만 가님이 자신이 결혼을 하고 아이가 생기면서 이런저런 부모교육 강의를 들었는데, 거실에 TV가 없는 것이 애들 교육이며 가족 간의 대화에 매우 중요한 부분이라는 것을 듣고 그것을 실천하게 되었다. 물론 가님이가 TV 없애는 것을 실천할 때에는 스마트폰이 보급되지 않은 상태여서 거실에 TV가 없는 집들은 책을 읽거나 아이들과 대화를 나누거나 보드게임을 하는 등의 놀이로 함께 시간을 보내곤 했었다. 하지만 스마트폰이 보급되고 가님이의 아이들이 커 가면서 각자 스마트폰이 생기니 어느 순간부터 각자의 디지털 기기를 활용하는 시간이 늘어났다. 특히 코로나19 시기에 학교에 가지 않고 비대면 온라인으로 학습을 하게 되면서 각자에게 태블릿 1대, 스마트폰 1대는 필수적인 것으로 인식되는 시기가 되었다.

"야구 졌네. 언제 이기나?"

밥을 먹으면서 스마트폰을 보던 나님이가 먼저 말을 꺼냈다. 큰애 라님은 아빠의 말에 아랑곳하지 않으며 무선이어폰을 낀 채로 음악을 들으면서 밥을 먹고 있다.

"라님아, 이어폰 빼. 밥 다 먹고 음악 들어. 밥상에서 그게 뭐야?"

다른 집 아이들에 비해 스마트폰을 잘 안 쓰는 편이지만 음악을 좋아하여 종종 음악을 들으며 밥을 먹는 경우가 있다.

"아, 네. 죄송해요."

가님이는 라님이가 혹시라도 성질을 낼까 봐 마음이 조마조마했지만 그래도 잘 넘어간 것 같아서 가슴을 쓸어내렸다. 물론 다른 집 아이들은 인스타그램(사진을 주로 업로드 하는 SNS)에 빠져서 라님이 나이에는 하루에 백 장이 넘는 사진을 찍는다는 것을 안다. 가님이는 그것이 문제가 될 것을 알아서 나름의 방법대로 디지털 기기 사용에 제제를 가했고 그동안 큰 문제 없이 따라 준 큰아이가 다행이라는 생각이 들지만 요즘 음악을 자주 듣는 라님이가 눈에 거슬리는 것은 사실이다.

'둘째는 밥을 먹으며 스마트폰을 보지는 않지만 그래도 틈이 나는 대로 보는 경우가 많아졌다.'

아이들이 자라는 시기는 뇌 발달이 이루어지는 매우 중요한 시기이지만 부모들이 너무 빨리 스마트폰을 아이들의 손에 쥐어 주는 경우가 전보다 많아졌다. 아무래도 책에 비하여 영상이 훨씬 자극적이므로 아이들의 관심도는 스마트폰에 모두 가 있다고 해도 과언이 아닐 것이다.

"당신도 스마트폰을 좀 적게 봐야 할 것 같아. 자꾸 눈이 뻑뻑하다고 하고 목이랑 어깨 아픈 게 아마 스마트폰 중독 현상일 거야."

가님이는 요즘 나님이가 집에 있을 때에 항상 피곤하다고 말하면서도 누워서도 스마트폰을 보고 있는 것 같아서 살짝 잔소리를 하였다. 물론 가님이 역시 스마트폰을 손에서 놓지 않는 것은 사실이다. 솔직히 말하면 스마트폰에서 대단한 자료가 있는 것도 아니고 뭐 특별한 것도 없는데 쇼핑이며 카페며 이리저리 기웃기웃 하면서 시간을 보내는 경우가 많았다. 다행인 것은 가님이 역시 인스타그램에 빠지면 정말로 헤어 나오지 못할 것을 예상하여 한번 시작했다가 지운 상태였다.

"사실 나도 스마트폰을 좀 멀리해 보려고 해. 딱히 꼭 필요한 것이 아닌데도 자꾸 보고 있는 내 모습이 이상하기도 해."

"당신도 잘 아네. 나야 야구랑 뉴스를 보는 거지. TV가 없으니까 심심하기도 하고. 그리고 집에서 하루 종일 책만 읽을 수는 없잖아."

나님이의 말이 틀린 것도 아닌 것이 시간 날 때에 아이들과 놀아 주는 것도 하루 이틀이고 TV를 틀어 놓고 시간을 보내는 것에 익숙해진 사람들은 조용한 거실이 더욱 외롭게 느껴질 수도 있을 것이다.

"그럼 같이 놀거나 아니면 음악을 듣거나 그런 시간을 가져야지. 이렇게 각자 스마트폰 보면서 서로 데면데면 하는 것은 아닌 것 같아. 마님이 생각은 어때?"

둘째는 밥을 먹고 스마트폰을 볼 생각이었는데 엄마가 이렇게 말하자 당황해서 대답한다.

"우리 그럼 밥 먹고 할리갈리(보드게임의 일종) 해요. 다 핸드폰 보지 말고 게임 세 판 어때요?"

어린아이다운 말이었다. 차라리 대화 없이 각자 스마트폰을 볼 바에는 함께 하하 호호 소리 내며 즐겁게 노는 것이 더 나을 것 같았다.

"그럼 내기하자. 그냥 하면 재미없으니까."

"좋아요. 어떤 걸로 내기해요?"

라님이가 오랜만에 함께 노는 것이 흥미로웠는지 물어본다.

"우선 아빠나 엄마가 지면 치킨 쏘기, 그리고 너희가 지면 수학 문제집 10쪽 풀기. 어때?"

"아… 수학 10쪽?"

노는 것이 좋아서 참여하려던 마님이가 침통한 듯 대답한다.

"야, 이기면 돼지. 너랑 나랑 한편 해서 이기자. 치킨 먹게."

갑자기 분위기가 화끈해졌다. 밥상을 치우는 것도 잊은 채 재빨리 게임에 참여한다.

가님이는 순간 이런 느낌이 참 좋았다. 사람 사는 냄새가 나는 느낌이 오랜만이었다. 스마트폰으로 많은 정보를 빨리 알 수 있는 시대가 되었고 컴퓨터를 켜서 자료를 찾는 것보다 스마트폰을 이용하는 것이 속도는 빨라졌지만 대화가 단절된 것 같은 것이 없어져야 될 것이라고 생각했다.

'게임이 끝나면 우리 시간을 정해서 스마트폰을 끄고 있기로 정해야겠어. 나부터 실천하면 가능해지겠지? 필요할 때만 쓰고 불필요한 것을 보는 것에 시간을 할애하지 않는 게 중요할 것 같아.'

부록1

중·장년 편(부모)
개인정보보호 실천(가족 안전)

김효정

·
·
·
·
·
·
·
·
·
·

가족의 안전을 위한 개인정보보호 실천 수칙

SNS 게시글 업로드 시 주의

비싸고 무거운 고급 카메라를 들고 다니면서 사진을 찍던 예전보다는 여러 가지 환경이 좋아지면서 많은 사진을 한 번에 여러 장 찍는다. 모처럼 간 가족여행을 기념하려 가장 잘 나온 사진을 골라서 SNS에 올렸다. 언제부터인가 여행에서 사진을 찍는 것이 단순한 기념일뿐만 아니라 SNS에 올리는 목적이 더 커진 것 같다. 요즘에는 초상권 때문에 다른 사람의 얼굴을 가린 채로 업로드 하지만 개인정보가 흘러나오기 십상이다. 이때 자신이 올린 비행기 티켓이나 비슷한 사진으로 가족 개인정보가 털리는 경우가 많다. 해커들은 그 개인정보로 인하여 이름, 휴대폰번호 등을 알게 되고 그것으로 다양한 범죄를 계획하고 실행하고 있다. SNS에 여행사진, 개인정보 등 범죄에 악용될 수 있는 게시글 업로드 시 주의하여야 한다.

자녀의 연령에 맞는 어플 사용

아직 어린 자녀가 SNS를 너무 하고 싶어 해서 엄마 명의의 계정을 만들어 주었다. 그곳은 만 14세 이상만 가입이 가능한 곳이었는데 아이가 자꾸 다른 친구들은 엄마 명의로 가입해서 사용한다고 하며 엄마가 안

해 주니 다른 친구들과 소통이 안 된다고 투정을 부렸다. 그렇게 딸아이가 엄마의 명의로 SNS를 하게 둔 후 우연히 딸아이의 SNS를 봤더니 메시지로 온 내용들이 상상할 수 없는 것들이었다. '확실한 용돈벌이를 원한다면 문의 주세요.', '어디서든 간편하게 투자할 수 있는 꿀팁 알려 드립니다.', '여기로 상담 주시면 더 자세하게 알려 드려요.' 등 아이가 들어서는 안 되는 내용들을 보고 있으니 엄마 계정으로 열어 준 것이 매우 위험한 행동인 것을 알게 되었다. 자녀에 필요하다고 해도 자녀의 연령에 맞는 어플을 설치하고, 주기적으로 자녀의 SNS에 관심을 가져야 한다.

부모님 스마트폰 점검!

살아 계실 때 자주 뵈어야 하지만 이런저런 핑계로 오랜만에 부모님을 찾아 뵈었더니 뭐가 잘 안 된다며 내게 스마트폰을 꺼내 보이셨다. 자꾸 업데이트를 하라고 하는데 그게 무엇인지 모르시니 답답하기도 하면서 귀찮은 마음이 크셨을 것이다. 아버지 스마트폰을 살펴보니 많은 게임 어플과 도박 어플도 깔려 있는데 아버지는 그런 사실을 전혀 모르고 계셨다. 어떤 경로로 인하여 그런 어플들이 설치되고 그것들로 인하여 개인정보가 빠져나가거나 돈이 결제되는 경우가 많으니 시간이 날 때마다 또는 시간이 안 나면 시간을 내서 부모님도 찾아뵙고 부모님의 스마트폰 보안에 문제는 없는지 주기적으로 점검하는 것이 필요하다.

스마트폰 이용 시 개인정보보호 실천 수칙

의심스러운 어플 즉시 삭제!

내 스마트폰에는 소중한 내 개인정보가 들어 있다. 스마트폰으로 할 수 있는 것이 많아지면서 손에서 한시도 놓을 수가 없는데 요즘 핫한 드라마가 보고 싶어서 검색을 해 보니 드라마 무료 보기 어플을 찾게 되었다. 드디어 드라마 정주행이 가능해져서 마음 편하게 설치를 하려 하는데 요구하는 접근 권한 중 주소록, SNS, 위치정보, 카메라 앨범, 마이크 등을 허용으로 눌러야지만 설치가 가능하였다. 그런데 드라마를 보는 데에 그런 정보가 왜 필요한 걸까? 무료로 드라마를 볼 수 있게 만든 이유가 무엇일까 생각해 보아야 한다. 접근 권한 항목 및 이유를 꼭 확인하고 과도하게 개인정보에 접근하는 어플을 설치를 하지 말고, 설치했을 경우에는 즉시 삭제해야 한다.

안전한 패스워드 사용!

스마트폰이 모든 것을 기억하니 사람이 기억할 필요가 없는 요즘은 사진과 연락처가 저장된 클라우드의 경우 패스워드를 잊어버리는 경우가 많아 기억하기 쉽게 재설정을 자주 한다. 비밀번호를 바꾸고, 기억하기 쉽게 1111이나 abc 등으로 설정하는 것을 대비하여 다행히 어플에서 안전한 비밀번호를 설정하게 기준을 두는 경우가 많지만 그런 어플은 소수이고 대다수의 어플은 비밀번호 제한이 없는 경우가 많다.

그러다 보니 단순한 비밀번호를 설정하는 경우 해킹사고로 인하여 클라우드에 백업된 연락처와 사진이 모두 유출되는 사고가 많이 일어난다. 해커는 사람들이 설정하는 간단한 비밀번호를 적용하는 것에 능숙하기 때문에 자신만의 패스워드를 설정할 필요가 있다. 클라우드 등 개인정보가 포함된 어플 사용 시 예측하기 어렵게 안전한 패스워드로 설정하고 주기적으로 변경이 필요하다.

안전한 스마트폰 암호 설정!

하루에도 수백 번 스마트폰을 보는 현대 사회에서 그때마다 스마트폰 잠금 해제를 매번 하는 것은 귀찮은 일이다. 그렇다 보니 잠금 해제 패턴을 쉬운 것으로 적용하는 경우가 많다. 'ㄱ', 'ㄴ', 'ㄷ' 등으로 설정을 하는데 이때 휴대폰을 손에 꼭 쥐고 다닌다면 문제가 없겠지만 이게 내 손에서 떨어져 있을 때 불안이 야기된다. 쉬운 패턴 덕에 누군가는 내 휴대폰을 모두 볼 수 있을 것이기 때문에 개인정보가 유출되는 것은 시간문제이다. 비밀번호, 얼굴인식, 패턴, 지문인식 등 스마트폰 암호를 설정하는 것이 필요하다. 또한 자동로그인이 설정된 사이트의 비밀번호는 주기적으로 변경하여야 덜 불안할 것이다.

일상생활 속 개인정보보호 실천 수칙

하나가 유출돼도 모두 변경!

개인정보 유출 관련 기사를 볼 때면 나는 괜찮은가 하고 걱정을 하게 된다. 나만 조심한다고 되는 것도 아니고 개인정보 동의를 요구하는 곳이 많으니 항상 긴장하고 있다. 우스갯소리로 '난 유출되어도 딱히 잃을 것이 없어!' 하고 말하는 사람도 봤지만 운이 나쁘다면 잃은 것은 매우 많을 수 있다. 어느 쇼핑몰에서 아이디와 비밀번호가 해킹사고로 유출되었다고 하며 사과문을 게시하였다. 개인정보 관리를 어떻게 하기에 그랬나 하고 원망이 되지만 이미 엎질러진 물이다. 쇼핑몰의 관리방법이나 고객에게 대응이 못마땅하고 이제는 그 쇼핑몰을 잘 사용하지 않아서 탈퇴하였는데 내 SNS에 내가 쓰지 않은 글이 올라와 있다. 깜짝 놀라 알아보니 하나의 정보가 유출되는 순간 다른 온라인 서비스도 모두 유출이 가능하게 되는 것이었다. 만일 개인정보 유출 사고가 발생하면 다른 온라인 서비스의 비밀번호도 모두 변경하여야 한다.

꼼꼼히 확인 후 동의!

새로운 쇼핑몰을 알게 되어 물건을 사려고 하는데 모바일 자동주문 시 적용되는 가격이 매우 저렴하여 어플을 설치하고 있었다. 마감임박이라는 단어를 보자 마음은 급해지는데 회원 가입할 때에 동의 버튼이 많았다. 쇼핑몰을 믿고 귀찮아서 콕!(동의), 콕!(동의), 콕!(동의)을 한 것인데 어느 순간부터 내가 동의했다면서 수많은 보험사에서 연락이 오는 것이다. '보험 상담 신청하셨죠?', '고객님께 꼭 알맞은 보험이 있어서 전화 드렸습니다.' 하는 전화를 받을 때마다 짜증이 밀려온다. 회의 중에 중요한 전화이거나 아이들 관련 전화일까 봐 받은 전화가 이런 광고 전화일 때 허탈감을 말로 설명할 수 없다. 회원 가입 등 개인정보를 제공할 때 동의서 등을 꼼꼼하게 확인하고, 필수동의 항목이 아닌 선택동의 항목은 동의를 거부할 수 있으니 확인을 잘해야 한다.

불필요한 웹사이트는 탈퇴!

어느 날 문자 메시지가 도착하였는데 어떤 게임회사에서 개인정보 이용내역을 보내 왔다. 게임을 안 한 지 한참이 되었는데 기억을 더듬어 봐도 도저히 알 수가 없다. 곰곰이 생각을 해 보니 기억이 안 날 정도로 한참 전에 싫증나서 안 하는 게임이라 이번에 탈퇴를 해야겠다는 생각이 들었다. 로그인을 하고 탈퇴를 누르니 생각보다 탈퇴가 쉬웠고 이번 기회에 다른 가입한 곳을 한 번에 탈퇴할 수 있나 살펴보았다. e프라이버시 클린서비스(www.eprivacy.go.kr)를 이용하여 불필요한 웹사이트는 탈퇴를 하여 개인정보 유출을 예방하자.

참고자료: 개인정보보호포털(www.privacy.go.kr)

디지털에 대한
셀프 지각설문

	질문 내용	매우 그렇다	그렇다	보통 이다	그렇지 않다	매우 그렇지 않다
1.	나는 디지털이라는 단어를 들으면 막연히 두렵다.					
2.	나에게 디지털 시대는 매우 편리하다.					
3.	나는 디지털 사용이 두렵다.					
4.	나는 휴대폰이 없으면 초조하다.					
5.	디지털 소통으로 소외감을 느낀 적이 있다.					
6.	웹소설이나 디지털북을 활용해서 책을 읽는다.					
7.	배달 어플이 본인 폰에 있고 한 달에 한 번 이상 사용한다.					
8.	핸드폰을 활용해서 보거나 사용하는 시간 8시간 이상이다.					
9.	스마트워치를 착용한 적이 있다.					
10.	우리 집에는 디지털 기계가 5개 이상 있다.					
11.	인터넷뱅킹 폰뱅킹등 주로 사용한다.					
12.	가지고 있는 이동저장장치(USB 등)가 2개 이상이다.					
13.	나는 어플을 다운 받고 설치할 수 있다.					
14.	관리프로그램(명함, 가계부, 사진, 헬스, 날씨 등)이 5개 이상이다.					
15.	디지털 쿠폰선물을 하고 잘 사용한다.					
16.	SNS를 3개 이상 사용한다.(페북, 인스타그램, 카스, 블로그, 밴드 등)					
17.	디지털 소통이 어렵게 느껴질 때가 있다.					
18.	디지털 소통은 인간관계에 유용하다.					
19.	디지털은 사람들에게 편리함을 주었다.					
20.	이제 디지털 없는 세상을 상상할 수 없는 시간이 되었다.					

참고자료

김상균, 『게임인류』, 몽스북, 2021.

김여라, 국회입법조사처 보고서 「안전한 디지털 이용환경 조성과 디지털 권리 강화를 위한 과제」.

신동훈·이승윤·이민우, 『디지털로 생각하라』, 북스톤, 2021.

앨릭스 코브, 정지인 옮김, 『우울할 땐 뇌과학』, 심심, 2018.

연삼흠 외 33인, 『메타버스관리사』, 스마일스토리, 2022.

이임복, 『메타버스 이미 시작된 미래』, 천그루숲, 2021.

홍성원, 『생각하는 기계 vs 생각하지 않는 인간』, 리드리드, 2021.

과학기술정보통신부 누리집

대한민국 공식 전자정부 누리집

식품의약품안전청 누리집

안전운전 통합민원 누리집

디지털 케어

ⓒ 조희정 · 민숙동 · 김효정 · 김영숙 · 박여훈 · 김미화, 2023

초판 1쇄 발행 2023년 5월 30일

지은이   조희정 · 민숙동 · 김효정 · 김영숙 · 박여훈 · 김미화
펴낸이   이기봉
편집   좋은땅 편집팀
펴낸곳   도서출판 좋은땅
주소   서울특별시 마포구 양화로12길 26 지월드빌딩 (서교동 395-7)
전화   02)374-8616~7
팩스   02)374-8614
이메일   gworldbook@naver.com
홈페이지   www.g-world.co.kr

ISBN   979-11-388-1986-2 (03330)